Éric Santoni

EL JUDAÍSMO

Traducción y adaptación de
Pilar Careaga

ACENTO
EDITORIAL

Primera edición: noviembre 1994
Segunda edición: marzo 1995
Tercera edición: junio 1996
Cuarta edición: febrero 1997
Quinta edición: julio 1997

Diseño de cubierta: *Alfonso Ruano/César Escolar*

Título original: *Le judaïsme*
© Marabout (Belgique), 1992
© Acento Editorial, 1994
   Joaquín Turina, 39 - 28044 Madrid

Comercializa: CESMA, SA - Aguacate, 43 - 28044 Madrid

ISBN: 84-483-0070-X
Depósito legal: M-23003-1997
Fotocomposición: Grafilia, SL
Impreso en España/Printed in Spain
Huertas Industrias Gráficas, SA
Camino Viejo de Getafe, 55 - Fuenlabrada (Madrid)

No está permitida la reproducción total o parcial de este libro, ni su tratamiento informático, ni la transmisión de ninguna forma o por cualquier medio, ya sea electrónico, mecánico, por fotocopia, por registro u otros métodos, sin el permiso previo y por escrito de los titulares del *copyright*.

ÍNDICE

Introducción 7

Primera parte: La Historia del pueblo de Israel 9

I. Desde los orígenes hasta nuestros días 11

    1. La Biblia y la Historia 11

        La Biblia: ¿un libro de Historia? 11
        Los orígenes 11
        El período de los patriarcas 12
        El asentamiento y los jueces 12
        De la unidad al cisma 12

    2. Desde los reinos de Israel y Judá hasta la destrucción del segundo Templo 13

        El reino de Israel 13
        El reino de Judá 13
        En Babilonia 14
        El período del segundo Templo 14
        La Gran Revolución 16

    3. Del exilio a la diáspora 16

        El judío errante 17
        Los judíos en Oriente 18
        Los judíos en Occidente 18
        Los judíos en España 18

    4. De las persecuciones al Estado de Israel 28

        Regreso y asentamiento de oleadas de inmigrantes 28
        La reacción árabe 29
        La actitud británica 30
        De la persecución al holocausto 31
        Del holocausto al Estado de Israel 32

II. La época contemporánea 35

    1. El Estado de Israel 35

        Las estructuras del nuevo Estado 35
        La consolidación 37
        De la guerra de los Seis Días a nuestros días ... 38
        Israel y los países árabes 43

    2. La diáspora 48

        Estados Unidos 48
        Antigua Unión Soviética 49
        España 50

EL JUDAÍSMO

Segunda parte: La religión de Israel 53

I. Los Libros como fundamento de una religión 55

    1. La Biblia 55

        La Torá 55
        Los profetas 55
        Las hagiografías 56

    2. El Talmud 56
    3. La importancia de los Libros en el judaísmo ... 57

II. El rabinismo 59

III. Las enseñanzas fundamentales del judaísmo 60

IV. El conflicto entre el judaísmo y la cristiandad 62

V. La práctica religiosa judía 63

    1. Las oraciones 63
    2. Las prescripciones alimentarias 63
    3. El Sabat 64
    4. Ritos y costumbres 64
    5. La vida después de la muerte 65

VI. La cábala 66

    1. El Carro y la Creación 66
    2. Los cuatro mundos 67

VII. Las principales corrientes del judaísmo moderno ... 68

    1. La Reforma 69
    2. El movimiento conservador 69
    3. La ortodoxia 69

Anexos 71

        El hebreo 73
        El calendario hebreo 75
        Datos sobre el Estado de Israel 77
        El judaísmo en cien palabras 79
        Cronología desde la Biblia hasta la Edad Media 86

Bibliografía 88

Mapas 89

        La salida de Egipto 91
        Las doce tribus 92
        El Templo 93
        El judaísmo en el mundo 94

INTRODUCCIÓN

La religión monoteísta más antigua que aparece en la Historia es el judaísmo, y desde el principio marca las diferencias con las politeístas y el paganismo, religiones en las cuales los fieles adoran a muchos dioses.

Se fundamenta en un Libro, y también en esto precede a otras religiones, como el cristianismo y el islamismo.

Igualmente es la primera depositaria de las revelaciones, consignadas por escrito, que Dios ha dado a los seres humanos.

Con el judaísmo, nuevamente por primera vez, las gentes creyeron en un Dios único, y la relación que se estableció entre Dios y los seres humanos fue una relación nueva, legitimada y regida por la Alianza.

La Torá no es ni mucho menos el conjunto de la Biblia. Los libros históricos, los de los profetas, recogen etapas importantes en la evolución del judaísmo hacia una religión que no debía reducirse a la de un solo pueblo sino que tenía vocación supranacional. De ahí que uno de los caracteres distintivos del judaísmo, fundamental puesto que esta religión ha estado siempre presente a lo largo de la Historia, es el de su universalidad: desde el principio a Abrahán se le promete ser «el padre de multitud de naciones». Además, Moisés recibió la Ley que todos los legisladores del mundo posteriores no han hecho otra cosa sino adaptarla.

Por último, el judaísmo es una cadena de rupturas: la de Abrahán con la idolatría, la de Moisés con la esclavitud y, sobre todo, la de los profetas con el orden establecido, las instituciones políticas, sociales e incluso —y fundamentalmente— sacerdotales.

Pero el judaísmo es también la historia contemporánea del pueblo judío: el genocidio y la creación del Estado de Israel. La desaparición de seis millones de personas en los campos de exterminio —la mitad pertenecientes al pueblo judío— determinó un nuevo mapa demográfico. La creación del Estado hebreo, en 1948, paralizó la redistribución de judíos en el mundo. Israel acogió a los supervivientes del holocausto pero también a todos los judíos que huyeron del Magreb al día siguiente de su descolonización y de la guerra árabe-israelí. Veinte siglos después de la destrucción del Templo, el Estado de Israel supone un foco de atracción para los 13 a 15 millones de judíos repartidos por todo el mundo.

Quedarse en la diáspora significa, en la actualidad, para las personas judías, una elección y no un exilio forzado.

Sin embargo, la mayoría del pueblo judío sigue viviendo en la diáspora. A pesar de la solidaridad que muestran hacia el Estado hebreo, que se manifiesta en los planos económico, estratégico, político y afectivo, Israel no está libre de las críticas de los judíos de todo el mundo, divididos en diversas corrientes ideológicas.

Asimismo, la recomposición demográfica de la población israelí, sometida a oleadas inmigratorias casi constantes, no consigue estabilizarse ni crear una identidad clara israelí, que la proteja y que pueda asimilar la diversificación de clases y orígenes de las personas que llegan.

El judaísmo hoy tiene que afrontar, además de las consecuencias del genocidio, que ha diezmado sus comunidades, la modernidad y la multitud de corrientes que se han producido tanto en la diáspora como en el interior del Estado de Israel: desde la ultraortodoxia, con todos sus matices doctrinales, hasta las variadas corrientes liberales propias de los Estados Unidos. Todos éstos son los componentes del judaísmo moderno, resultado de los cambios históricos que, desde hace más de cuatro mil años, no dejan de agitar las bases de la vida judía contemporánea.

Aparte de la historia del pueblo de Israel que queda recogida en las Sagradas Escrituras, éstas también nos permiten comprender la evolución del pueblo judío hoy día. Su dispersión por todo el mundo ha hecho que el pueblo judío sienta su unidad no a través de los lazos que crea una nación sino de los que da la Torá y otros más espirituales como son la promesa del regreso. En cualquier caso existe una unidad; ahora bien, desde la creación del Estado de Israel y la variedad de su población, los vínculos son los mismos, pero transformados, paradójicamente, en algo más complejo. A través de la Historia se constata que la unidad del pueblo judío, inquebrantable en tiempos difíciles, se relaja y se hace menos sólida en tiempos de paz y de estabilidad. ¿Será la modernidad el peligro que amenaza hoy al judaísmo?

Éric Santoni

PRIMERA PARTE

LA HISTORIA DEL PUEBLO DE ISRAEL

I
DESDE LOS ORÍGENES HASTA NUESTROS DÍAS

1. La Biblia y la Historia

La Biblia: ¿un libro de Historia?

Toda la historia del pueblo de Israel, desde los orígenes hasta el regreso de la cautividad de Babilonia, se encuentra contada en la Biblia. Pero ¿hasta qué punto se puede tomar la Biblia como el referente de la historia de un pueblo?

La Biblia nació en el desierto con Moisés (siglo XIII a.C.) y durante varios siglos se transmitió oralmente, de generación en generación. Fue el rey David quien le dio su primera forma escrita en lengua hebrea. Entre los siglos XI y VI a.C. se escribieron los libros históricos y proféticos, y los poéticos y sapienciales se acabaron en el siglo I a.C.

En este libro se cuenta la historia de los pueblos de Oriente Próximo y más concretamente de los de Mesopotamia, Aram y Canaán, que actualmente son Irak, Siria e Israel.

El contenido histórico de la Biblia es el siguiente:

– *La primera parte,* llamada Torá o Pentateuco, que se atribuyó a Moisés, narra la historia del pueblo de Israel, desde la Creación hasta la vuelta a la tierra de Canaán, pasando por el período de los patriarcas, la estancia en Egipto y el éxodo por el desierto del Sinaí.
– *La segunda parte,* llamada Nebiim o Profetas, cubre el período que va desde la conquista de Canaán (1250 a.C.) hasta la destrucción del primer Templo (586 a.C.).
– *La tercera parte,* titulada Libros poéticos y sapienciales [Escritos o hagiografías], es más poética y filosófica que histórica. Filósofos, historiadores y científicos a menudo les han negado su valor histórico por la cantidad de milagros que relata. Sin embargo, los descubrimientos arqueológicos, desde la piedra Rosetta (1799) hasta documentos como las tablillas eblaítas y emaritas (1964-1971), así como otras elamitas, cananeas, asirias, hititas, ugaríticas, egipcias y helenistas, confirman más que invalidan los episodios recogidos en la Biblia.

Por tanto, a pesar de su carácter poético indudable, la Biblia se alza como el único documento que recoge el mayor número de hechos históricos y referenciales con respecto a la cronología de las peregrinaciones del pueblo de Israel.

Los orígenes

La aparición de las primeras sociedades urbanas en Canaán hay que situarla en los albores de la edad del bronce (3300-2200 a.C.); su organización era la de ciudades fortificadas con una agricultura bastante desarrollada. Estas ciudades se abandonaron, probablemente por razones climáticas, durante algún tiempo. A lo largo de la edad del bronce medio se erigieron otras nuevas, situadas tanto en la costa como en el interior del país. Está comprobado que en esa época mantenían relaciones comerciales con Egipto.

A finales de la edad del bronce (1550 y 1200 a.C.), Egipto se liberó de los hicsos (pueblo de origen asiático), ocupó Canaán y se mantuvo allí durante un largo

EL JUDAÍSMO

período, marcado por conflictos bélicos con el reino de Mitanni y después con los hititas.

Fueron tiempos de relaciones convulsivas y que acabaron con la retirada de Egipto, hacia la mitad del siglo XIII a.C., y la cesión de los territorios a los filisteos y a los hebreos.

El período de los patriarcas

Se inicia una etapa, la de los patriarcas hebreos, en la que la Biblia sitúa el abandono de la idolatría y el paganismo por parte de Abrahán, y la adopción de la religión monoteísta. Cuando Abrahán se instaló en Canaán —procedente de Ur (Irak)— los patriarcas dirigían un pueblo seminómada que vivía del pastoreo de ovejas, bueyes y camellos. En Jacob, nieto de Abrahán y tercer patriarca, está el origen del nombre de Israel. Dios le puso este nombre porque «había sido fuerte contra Dios y contra los hombres» (Génesis 32,29), ya que Israel significa «el que lucha con Dios», en el doble sentido de la expresión (junto a Dios y contra Dios).

El patriarca José, hacia el 1720 a.C., llevó su pueblo a Egipto para alejarlo del clima extremado de la tierra de Canaán. Allí, los faraones sometieron al pueblo hebreo a la esclavitud (1580 a.C.) y a un sinfín de masacres.

Hacia el año 1250, las doce tribus de Israel abandonaron Egipto, conducidas, según la Biblia, por Moisés hacia la tierra prometida, Canaán. Estuvieron errando durante muchos años por el desierto y en esta larga travesía Moisés recibió, en lo alto del monte Sinaí, la Ley, las Tablas de los Diez Mandamientos (1190 a.C.).

El asentamiento y los jueces

Cuando las doce tribus hebreas llegaron a Canaán tuvieron que luchar contra los filisteos, un pueblo marinero que llevaba en las llanuras costeras mediterráneas de Siria, Palestina y Egipto desde finales de la edad del bronce. La lucha duró más de cien años, al cabo de los cuales el pueblo hebreo, tras muchas derrotas cruentas, consiguió alzarse con la victoria final.

Durante este período, son los jueces —héroes tribales—, entre los que también había mujeres, quienes dirigen las tribus israelitas; la tarea no es nada fácil, por las muchas divisiones internas, la presión militar de los pueblos vecinos y los cambios económicos que se estaban operando en la sociedad. Débora, Gedeón y Sansón son algunos nombres de jueces de tiempos de guerra que han pasado a la Historia.

Consumada la victoria, aparecieron grandes litigios sobre cómo dividir el territorio conquistado entre las tribus, incapaces de constituirse en una sola nación. Sólo tras la destrucción del Silo y el robo del Arca de la Alianza por los filisteos pudo concretarse la unidad. Y por fin, tras doscientos años de lucha, David conquistó Jerusalén.

De la unidad al cisma

Ante una nueva amenaza filistea, el pueblo hebreo, que ya se sabía hijo de Israel, presiona a su juez y profeta Samuel para que nombre un rey que gobierne en toda la nación. El elegido fue Saúl (1025-1004 a.C.).

Durante su reinado organizó un ejército profesional para acabar con el peligro filisteo y se consolidó en el poder, situando a miembros de su tribu, la de Benjamín, en los puestos más importantes de la administración. Los últimos años de su reinado estuvieron marcados por su ruptura con Samuel y por conflictos internos y externos.

A Saúl le sucedió David (1004-

965 a.C.). Puso fin a la amenaza filistea, antes de trasladar la sede del poder a Judá. Bajo su gobierno, el reino conoció una impresionante expansión territorial: llegando por el Este hasta Transjordania y por el Norte a la Becaá libanesa; incorporando Jerusalén al reino de Israel como capital tras conquistarla a los jebuseos.

Su hijo Salomón (965-928 a.C.) prosiguió su obra llevando el reino a su apogeo. Controló las principales rutas marítimas, así como los puertos del mar Rojo y del Mediterráneo —la tradición judía afirma que en esta época se establecieron bastantes hebreos en el Levante español, debido al comercio existente entre Tarsis e Israel—. Puso la capital del reino en Jerusalén y mandó construir el Templo que acogería el Arca de la Alianza donde se contenían las Tablas de la Ley, los Diez Mandamientos.

Pero la excesiva presión fiscal y los trabajos forzados que exigía al pueblo para obras que contribuyeran al esplendor de la corona desestabilizaron la sociedad, revelándose contra su rey una gran parte de la población. Casi al final de su reinado, Jeroboán, de la tribu de Efraín, dirigió un motín que acabó en sangre. En cuanto Roboán, hijo de Salomón, subió al trono (h. 931 a.C.) y se negó a bajar los impuestos, de nuevo Jeroboán tomó las armas y condujo una revuelta muy sangrienta que llevó a la escisión del reino.

2. Desde los reinos de Israel y Judá hasta la destrucción del segundo Templo

Diez tribus se unieron a Jeroboán y fundaron el reino, en el Norte, que desde entonces se llamó el reino de Israel, teniendo como capital Samaria (la actual Nablus), y sólo dos, las de Judá y Benjamín, siguieron fieles a Roboán, que permaneció a la cabeza del reino de Judá con la capital en Jerusalén.

El reino de Israel

Duró algo más de dos siglos. El primer cuarto de su historia estuvo marcado por diferentes luchas con el reino de Judá que no acabaron hasta la llegada de una nueva dinastía cuyo primer rey fue Omri (884- 887 a.C.), el cual llegó a una alianza con Judá con el fin de consolidar política y económicamente su reino, estableciendo relaciones ventajosas con los reyes de Tiro y Sidón.

Su hijo y sucesor, Ajab, se casó con Jezabel, hija de Etbaal, rey de los fenicios, y al acceder prevaleció el culto a los dioses fenicios como Baal y se impusieron las costumbres extranjeras que desestabilizaron el reino. Este estado de cosas provocó la cólera del profeta Elías, el cual llevó a cabo una acción que se consumó con una masacre de profetas de Baal en el monte Carmelo. El hecho irritó al rey, que siguió con sus persecuciones aunque no consiguió doblegar los espíritus de los profetas.

El reino no encontró su estabilidad hasta que Jeroboán II subió al trono, tras Joás, y tuvo que hacer frente a la amenaza del rey de Aram, cada vez más peligroso.

Más tarde, Tiglat Pilazar III, rey de Asiria (745-727 a.C.), acabó con el reino de Aram, y su sucesor, Jargón II, se apoderó de Samaria en el 722, poniendo fin al reino de Israel y convirtiendo ambos antiguos reinos en provincias asirias.

El reino de Judá

Aunque más pequeño y menos poderoso que su hermano gemelo, el reino de Judá sobrevivió

EL JUDAÍSMO

hasta el año 586 a.C., es decir, hasta la invasión de Babilonia.

Los primeros años fueron difíciles por culpa de las constantes guerras con sus vecinos del Norte; hubo que esperar hasta el reinado de Asa (908-867 a.C.) para que el país empezara a prosperar gracias a las relaciones comerciales que estableció con Tiro y con los filisteos, extendiendo su zona de influencia por el Sur hasta Elat.

Esta prosperidad le permitió controlar las rutas comerciales costeras y, como había desarrollado mucho la agricultura, cuando subió al trono Ozías (769-733 a.C.) el reino tenía una sólida economía, por lo que se libró de los ataques asirios de Pilazar aunque, eso sí, tuvo que pagar unos tributos muy elevados con el fin de asegurarse la supervivencia.

Hacia finales del siglo VII a.C., Josías aprovechó el debilitamiento del imperio asirio para anexionarse Efraín y Samaria. Pero al caer el imperio en manos de Egipto y de Babilonia, el reino de Judá se fraccionó, pues entre sus habitantes había partidarios de ambos imperios. El asirio Nabucodonosor aprovechó esta división para invadir Judá y asediar Jerusalén (598 a.C.), que conquistó en el 586. El Templo fue destruido, después quemado, y la mayoría del pueblo judío padeció el exilio y la deportación a Babilonia. Fue el fin del reino de Judá.

En Babilonia

A los hebreos exiliados en Babilonia se les permitió que se organizaran en comunidades étnicas. Se agruparon en torno a la tribu de Judá y tomaron el nombre de Yehudim, voz que tras unas serie de transformaciones, al pasar por diferentes lenguas, dio la palabra judío.

Poco a poco se fueron adaptando a la nueva situación; tenían una economía pasable y los sacerdotes trataban de mantener, lo mejor que podían, las prácticas rituales con vistas a un posible retorno al templo de Jerusalén, ya que los profetas Ezequiel e Isaías no dejaban de anunciar la llegada del segundo Templo, viendo en el rey persa Ciro el arma de Dios que destruiría Babilonia y les permitiría el regreso a su patria.

El período del segundo Templo

Cuando en el año 539 a.C. Ciro atacó Babilonia, provocando la caída de este imperio, promulgó un edicto por el cual autorizaba a los judíos que lo desearan a que volvieran a Jerusalén y reconstruyeran el Templo.

Varios millares, conducidos por Sesbasar, descendiente de David, emprendieron el camino de retorno. Sin embargo, un gran número se quedó en Babilonia y en Egipto, creando por primera vez una segunda comunidad judía importante en el exilio: la diáspora. Esta comunidad contribuyó financieramente para la construcción del Templo, que se acabó en el mes de Adar del año 516 a.C. bajo el reinado de Darío I.

No obstante, los recién llegados a Jerusalén no eran totalmente libres, ya que estaban sometidos a un sátrapa, judío o no, nombrado por el rey de Persia y encargado, fundamentalmente, de recaudar impuestos. El más célebre fue Nehemías (hacia el 445 a.C.), el cual devolvió a Jerusalén todo su esplendor y mandó reconstruir la muralla, ordenando que se instalaran dentro de ella el 10 % de los habitantes de otras ciudades, aunque también proclamó la Torá, la Ley fundamental. Cuando acabó sus reformas 50.000 judíos y judías habían vuelto a Jerusalén.

La batalla de Isos, que en-

LA HISTORIA

frentó a persas contra griegos, éstos dirigidos por Alejandro Magno, tuvo lugar en el año 333 a.C., acabando con victoria griega. Canaán pasó a manos de los nuevos conquistadores. Bajo este reinado el pueblo judío gozó de una cierta autonomía, más o menos como la que tenía con los persas. Pero a la muerte de Alejandro, sus generales se enfrentaron entre sí por la sucesión en unas guerras encarnizadas, muchas de las cuales tuvieron como escenario la tierra de Judea, que no volvió a encontrar su equilibrio hasta la victoria de Ptolomeo (301), que concedió otra vez a los judíos una cierta autonomía pero a cambio de unos tributos muy elevados. Durante este período hubo una gran explosión demográfica judía que amenazaba el equilibrio económico de esta región pobre, lo que hizo que sus habitantes se contagiaran de la cultura helenística dominante —con menor índice de natalidad y mejor situación— y ante la cual el judaísmo se defendía cada vez peor.

En torno al año 200 a.C., el rey seléncida Antíoco III derrotó a los ptolomeos. Siria y Palestina pasaron poco a poco a manos de los seléncidas. Como la mayoría de la población judía los había apoyado durante la guerra, se les concedió, mediante documento, autorización para vivir según las leyes de sus mayores. Cuando Antíoco IV sucedió a su padre deseó el tesoro que se encontraba en el templo para hacer frente a una enorme deuda que había contraído con Roma. Después de varias tentativas vanas consiguió poner sus manos sobre el tesoro hacia el 168 a.C. Entonces promulgó una serie de decretos prohibiendo otro culto que no fuera el propio de Grecia y ordenando que se abandonaran las leyes peculiares y autóctonas; además construyó numerosos santuarios por todo el país para los dioses griegos, e incluso puso una estatua de Zeus en el Templo de Jerusalén.

La reacción judía no se hizo esperar y la resistencia se inició en el desierto de Judea, dirigida por los hasideos.

Judas Macabeo, que recibió el mando de su padre Matatías, obtuvo grandes victorias sobre los seléncidas, consiguiendo el control sobre Jerusalén y restaurando el culto de sus antepasados. Ante esta victoria, Antíoco V revocó los edictos promulgados por su padre. A Judas Macabeo le sucedió su hermano Jonatán, que consiguió además de la exención de impuestos la independencia de Judea. En el año 140 a.C. fue nombrado enarca, gran sacerdote y jefe militar de la asamblea del pueblo, fundándose de esta manera la dinastía asmonea.

El nuevo período se caracterizó por unas guerras sucesivas que tuvieron lugar contra los seléncidas, y durante las cuales los asones, aliados de Roma y Esparta, consiguieron una serie de victorias frente a un imperio en clara desintegración. Sin embargo, el Estado judío conoció su mayor extensión territorial. El reinado de Alejandra (76-67 a.C.) está considerado el de máximo apogeo de esta dinastía antes de su declive, que empezó con sus dos hijos Hircano y Aristóbulo II, que se destruyeron entre sí porque ambos deseaban quedarse con el poder. Para conseguirlo, el primero pidió ayuda al ejército romano de Pompeyo, el cual tomó Jerusalén, en el año 63, reduciendo de una manera considerable el territorio del Estado.

Inexorablemente el país se precipitaba bajo la dominación romana, pues, en realidad, el poder lo detentaba un *apotropos* («el que hace las veces de») nombrado por Julio César. Cuando uno de los hijos de Aristóbulo

EL JUDAÍSMO

intentó de nuevo una revuelta, Herodes, gobernador de Galilea, aprovechó para retomar Judea, con el apoyo del ejército romano, y nombrarse rey (40-30 a.C.). Su reinado estuvo marcado, por un lado, por una lucha feroz para eliminar a sus adversarios, y por otro, por una gran romanización del país. La pesada carga de impuestos y el desprecio por la tradición que demostraban los romanos provocaron el descontento del pueblo, al que Herodes consiguió calmar por el interés que puso en la reconstrucción del Templo.

Su hijo Arquelao (4 a.C.-6 d.C.) se mostró excesivamente cruel con su pueblo, por lo que Augusto le destituyó, haciendo de Judea una provincia romana gobernada por procónsules (6-66) y dejando que un gran sacerdote rigiera los asuntos del Templo y del culto. A los saduceos correspondió dirigir el Templo basándose en la Ley escrita, y los fariseos se ocuparon de velar por la perpetuación de la tradición oral.

La Gran Revolución

A pesar de esta relativa libertad, el pueblo judío llevaba muy mal el reinado de procónsules, y esperaba siempre la ocasión para reconquistar su independencia. Cuando, en una fiesta de la Pascua, los soldados romanos entraron en el Templo, después de haber matado a un gran número de fieles, para apropiarse del tesoro, la revolución estalló: la guarnición romana fue barrida y se constituyó un gobierno rebelde. Nerón reaccionó enviando a Vespasiano y a su hijo Tito, en el año 66, al frente de un ejército de 60.000 hombres que tras tres duros años de batallas reconquistaron el país; sólo se resistía Jerusalén. La ciudad fue tomada por Tito en el año 70 y el Templo destruido, poniendo término al período que se conoce como del segundo Templo. Sus defensores prefirieron suicidarse antes de permitir que el ejército romano entrara en el sagrado lugar.

Puede decirse que a partir de ese momento, el corazón de la religión judía quedó desmantelado. Los siguientes cincuenta años fueron muy duros; la desesperación afligió a los fieles hasta tal punto que ansiaron la llegada de un mesías. La desconfianza hacia el poder romano creció y creció, llegando a su cenit con el reinado de Adriano, el cual, en el año 130, prohibió la práctica de la circuncisión y emprendió la transformación de Jerusalén en una ciudad romana, cambiando incluso su nombre por el de Aelia Capitolina.

Un segundo levantamiento se desarrolló entre el 132 y el 135, dirigido por Aquiva, al que algunas gentes consideraron como mesías (Bar Kojba o el hijo de las estrellas). Aunque la revuelta sorprendió en un primer momento a las guarniciones romanas, el ejército no tardó en reaccionar y aplastarla con una violencia increíble. Vacía de población, Judea desapareció del mapa; pasó a ser una provincia sirio-palestina. La última medida romana fue prohibir que cualquier persona judía pudiera establecerse en Jerusalén.

El centro de la vida judía se desplazó de Judea a Galilea, que al poco tiempo libró también las últimas batallas.

Gracias a que los sacerdotes acataron el poder romano pudieron salvaguardar la identidad judía. Desde entonces el judaísmo evolucionó en distintos y lejanos lugares: en la diáspora.

3. Del exilio a la diáspora

Con el desmantelamiento del centro religioso de Jerusalén se inicia un período en el que el judaísmo en Palestina (nombre que los romanos dieron a estas provincias, tomado de los filisteos) cada vez va a tener más dificultades para expresarse, pues, aunque acabó por llegar a un compromiso con las autoridades romanas, su situación se hizo insostenible con la llegada del primer emperador cristiano, Constantino el Grande (324), que se propuso contener el desarrollo de la religión judía y proteger a los nuevos conversos al cristianismo. Mandó construir un gran número de iglesias en aquellos lugares significativos de la vida de Jesús, como la del Santo Sepulcro. Más tarde, Teodosio II (408-450) llegó incluso a abolir el estatuto del patriarcado que había permitido a la comunidad judía conservar aparentemente su unidad. Muchos peregrinos cristianos y nuevos conversos se instalaron en Jerusalén, reduciendo la comunidad judía a una minoría. La redacción del Talmud de Jerusalén se concluye precisamente en esta época.

En el año 640, los omeyas ocuparon Palestina. Aunque cristianos y judíos estaban protegidos por la *dimma* (estatuto que permitía a los fieles de las religiones de Libro seguir con sus prácticas religiosas a cambio de un impuesto), ambas comunidades vieron muy mermadas sus libertades. Poco a poco la autoridad que Jerusalén ejercía sobre las comunidades judías de la región se desplazó a Babilonia.

Hacia finales del siglo IX se produjo el declive de los abásidas; la región tuvo que soportar la hegemonía de bandas dedicadas al pillaje (los karamanianos) que desaparecieron con la llegada de los fatimitas (969-1099) procedentes de Egipto, los cuales apoyaron a las comunidades judías frente a las cristianas. Pero los ataques de los seléncidas contra los fatimitas, durante el siglo XI, forzaron a los judíos a huir de Jerusalén. La consecuencia fue que apenas quedaron unos millares en la ciudad y la Academia se trasladó a Tiro.

Así pues, en muy poco tiempo la población judía tuvo que diseminarse por todo el mundo para sobrevivir, con resultados muy diferentes, dando lugar al nacimiento del mito del judío errante.

El judío errante

Desde la primera migración de la tierra de Canaán a Egipto hasta la última desde la antigua Unión Soviética hacia Israel, pasando por las deportaciones que siguieron a la destrucción del segundo Templo y las expulsiones de países y ciudades de Europa (Inglaterra en 1290, Francia en 1380, España en 1492, Praga en 1542, Viena en 1670 y Moscú en 1891), la historia del pueblo judío es un periplo constante a través del mundo. La creación del Estado de Israel, en 1948, no ha puesto fin, ni mucho menos, a esta diseminación, ya que hoy día sólo el 25 % de la comunidad judía universal vive en el Estado hebreo.

Pero esta diseminación también ha tenido un aspecto positivo, ya que ha sido una gran fuerza dinamizadora para la religión. Así, tras la derrota en la Gran Revolución, y obligar Roma a que la población judía abandonara Jerusalén, ésta encontró asilo en Babilonia y en otros lugares del mundo. En cada uno de estos sitios, las comunidades se reagrupaban en torno a sus rabinos, que, sin pérdida de tiempo, supieron redinamizar la religión, lo que dio lugar al nacimiento del judaísmo moderno.

Desde la antigüedad hay dos historias del pueblo judío: la de los judíos de Israel y la de la diáspora, dividida a su vez en la de Oriente y la de Occidente.

EL JUDAÍSMO

Los judíos en Oriente

• En Egipto

Durante el período del primer Templo (hacia 580 a.C.), y como consecuencia de persecuciones políticas, se produjo la primera oleada de emigrantes judíos que se instalaron en Egipto, concretamente en Fayún y Menfis, en el Bajo Egipto, y en Petra, en el Alto Egipto.

Empujados por las conquistas de Alejandro Magno (hacia el 322 a.C.), la segunda oleada se instaló en Alejandría. Con la unificación de Egipto y Palestina por los ptolomeos (332-201 a.C.), la comunidad judía creció enormemente debido a la catastrófica situación económica que reinaba en Jerusalén.

La población judía en Egipto gozó, generalmente, de una cierta libertad de culto y de trabajo; fueron agricultores, mercaderes, artesanos y marinos. En el siglo I d.C., la comunidad judía de Alejandría representaba el 40 % de la población total de la ciudad. Esto, añadido a las demostraciones de apoyo hacia el nuevo dominador romano, provocó la hostilidad del pueblo egipcio, que se amotinó, consiguiendo de las autoridades que se limitara la presencia de los judíos a un solo barrio: era el primer gueto de la historia.

A pesar de todo, el papel de la comunidad judía de Alejandría en la construcción del judaísmo moderno es importante. Su influencia se manifiesta esencialmente en escritos; pero sobre todo, a esta comunidad se debe la primera traducción de la Biblia a una lengua extranjera: el griego.

Con las persecuciones de Trajano le llegó el declive, cediendo el papel preponderante a la comunidad judía de Babilonia.

• En Babilonia

El origen de la comunidad judía de Babilonia se remonta a finales del período del primer Templo, cuando se produjo el exilio y la deportación de las tribus de Israel y de Judá. Los partias, que reinaban en esta región en el siglo II a.C., favorecieron el desarrollo de esta comunidad, concediéndoles derechos de autonomía y de bienestar a cambio de apoyo en los conflictos internos del imperio. Es la única diáspora que ha vivido fuera de la influencia grecorromana y su evolución cultural se llevó a cabo con una total libertad; fue precisamente aquí donde la literatura talmúdica conoció su desarrollo más importante.

Los persas sasánidas, que sucedieron a los partias en el 226, trataron, en un primer momento, de reducir las libertades de la comunidad judía; pero acabaron por llegar a un pacto de autonomía, bajo la autoridad de un exilarca de la genealogía de David.

Babilonia fue conquistada por los musulmanes en el 637; una edad de oro que durará dos siglos se inicia para la comunidad judía de Babilonia, que se convertirá en el centro del judaísmo. Muchas academias talmúdicas nacen y se desarrollan, rivalizando con las de Jerusalén. Sin embargo, el crecimiento del fanatismo religioso islámico, el declive del califato musulmán y las disputas entre los exilarcas debilitan gravemente esta diáspora que había acogido a todos los judíos que vivían en países musulmanes, con la excepción de Egipto.

Los judíos en Occidente

• Los judíos en España

Las primeras noticias de presencia de hebreos en España se deben a Estrabón, el cual cuenta que Nabucodonosor cedió a descendientes de la casa de David como cautivos a los reyes Pirro e Ispano, y aquél los trajo a Hispania, asentándolos en Andalu-

LA HISTORIA

cía y Toledo. Pero la primera llegada significativa se produjo tras la destrucción de Jerusalén por Tito, en el siglo I, y el consiguiente exilio forzado; 40.000 personas de la tribu de Judá y 10.000 de la de Benjamín vinieron a España y se establecieron en ciudades de Andalucía, como Sevilla y Granada. No consta que haya habido intolerancia entre hispanojudíos e hispanorromanos.

Con la llegada de los visigodos, la cosa fue diferente. Los pueblos godos estaban orgullosos de su linaje y veían en las leyes judías de la pureza de la sangre un antagonismo. Cuando abandonaron el arrianismo y abrazaron el cristianismo (con Recaredo) se convirtieron en grandes perseguidores del judaísmo; Sisebuto, a principios del siglo VII, decretó la expulsión o la conversión; 90.000 se convirtieron y miles optaron por el exilio a las Galias.

Curiosamente fue la Iglesia la que tomó el papel de moderadora durante este período, destacando san Isidoro de Sevilla, que se opuso con gran tenacidad a la obligatoriedad de las conversiones.

• Los judíos en la España musulmana

Los últimos años del reinado godo en España se caracterizaron por una gran inestabilidad social, y los judíos eran los chivos expiatorios del malestar general. Por eso, las comunidades judías vieron en la llegada de los árabes (711) una solución a sus problemas y los apoyaron sin reservas. Al principio, los árabes respetaron y no impusieron ninguna restricción a las comunidades judías; pero en el año 720 se les exigió que pagaran la *dimma*, un impuesto por manifestar públicamente su religión.

Durante los siglos XI y XII el judaísmo en la España musulmana conoció sus años dorados. Desde que Abderramán I declaró el emirato independiente de Damasco, Córdoba brilló con luz propia en toda Europa. Sus habitantes destacaban en las artes, en las ciencias y en una envidiable situación social.

Con la llegada de los almorávides y después de los almohades, las persecuciones a judíos y mozárabes fueron sistemáticas. Aunque los almorávides pronto relajaron su fanatismo, el de los almohades no cambió, y éstos obligaron a una conversión sin reservas a los «infieles» que quisieran vivir en sus territorios, y aniquilaron comunidades judías enteras, como la de Sevilla y la de Valencia, cuyos supervivientes huyeron a Toledo, Cataluña y Francia. En el año 1148 el emir Abd al Mumín expulsó a todos los hebreos de Alándalus. La mayoría de estos expulsados se dirigieron a Alfonso VII de Castilla, que los acogió favorablemente. En el reino nazarí de Granada, desde 1230 a 1492 no hubo persecución contra los judíos, y allí los que huían, de tierras árabes o cristianas, siempre encontraron protección y pudieron reconstruir sus juderías y dedicarse al comercio.

• Los judíos en la España cristiana

Los nacientes reinos cristianos del norte peninsular se sentían los herederos del reino visigodo, y a las causas visigodas antisemitas se sumó el hecho de que los judíos hubieran apoyado a los invasores árabes. Así pues, se desmantelaron las sinagogas, se les confiscó todos los bienes y se les persiguió a muerte.

Conforme fue avanzando la Reconquista, el sentimiento antisemita se suavizó. Desde el siglo X, en las cartas pueblas y fueros para la repoblación de los territorios conquistados gozaron de las mismas consideraciones judíos, hispanocristianos y francos.

EL JUDAÍSMO

Los primeros reyes protectores fueron Alfonso I el Batallador (1105- 1134), rey de Aragón, y Alfonso VI de Castilla (1072-1109), el cual al tomar Toledo (1085) favoreció tanto el desarrollo de la cultura hebraica como de la cristiana y mantuvo la islámica: eran los pilares para el crisol de culturas que se mantendría encendido durante varios siglos. Pero a pesar de esta protección real el pueblo los odiaba.

La organización social de la España cristiana medieval enfrentaba a los cristianos villanos y plebeyos, nobles e hidalgos. Los villanos eran gentes humildes que soportaban todo tipo de vejaciones, y su odio lo canalizaban contra los judíos, favorecido por los nobles, que se protegían contra la ira del populacho y daban rienda suelta a su envidia por los favores que algunos judíos tenían del rey y que ellos ambicionaban.

En el siglo XIII irrumpe la Iglesia tomando medidas contra las herejías. Era época de Cruzadas en Europa y los hispanojudíos caen bajo sospecha. En el año 1239 se crea el tribunal de la Inquisición, que en un principio sólo debía juzgar las desviaciones de la fe cristiana; pero pronto amplía su cometido a los no cristianos. Aparecen las órdenes mendicantes, volcadas en la conversión de herejes.

El ambiente estaba crispado y Alfonso VIII recibió una amonestación del papa Inocencio III por su trato con judíos y judías y por no obligar a la comunidad hebrea que llevara el distintivo visible que marcó el Concilio Lateranense de 1215. Fernando III el Santo y Jaime I de Aragón también son apercibidos por los pontífices por conceder favores a los hebreos. Los monarcas tratan de compaginar su fe y su obediencia al Papa sin renunciar a una población que necesitaron y que, además, se había incrementando con la llegada de los que habían huido del acoso almohade.

A finales del siglo XIV el antisemitismo estaba muy desarrollado, y en 1391 la oratoria del arcediano de Écija, Ferrán Martínez, ocasionó un levantamiento popular en Sevilla contra los judíos que en tres meses se extendió por toda Andalucía, Valencia, Barcelona y Baleares. Entonces se exigió la conversión o el exilio y la mayoría optó por la conversión.

Pero con la conversión no acababan los problemas. Muchos judíos creyeron que podían compaginar su fe y costumbres con un comportamiento público cristiano, y fueron atacados y perseguidos por herejes, hipócritas y traidores. A éstos se les llamó judaizantes o marranos [1] y fueron perseguidos con más saña. A pesar de esto, muchos siguieron gozando de la protección real y de la de muchos nobles. Pero el pueblo no distingue entre judíos públicos, judaizantes o conversos y, dada la época de inestabilidad política del siglo XV, la presión sobre la comunidad judía es mayor. En 1412 se promulga la pragmática de Valladolid, que les prohíbe ejercer cargos públicos y profesiones, se suprimen sus tribunales, se les prohíbe relacionarse con cristianos, se les obliga a vivir en una zona apartada de la

---

[1] *Marrano* es el que marra la fe de Cristo, pues marrar es faltar a un compromiso y es sinónimo de cobarde y vil, que se opone a *lindo*, sinónimo de valiente y galano; otra etimología hace proceder la voz de *maranat*, voz aramea que significa *anatema;* una tercera ve un sinónimo de cerdo, porque los judíos no comen la carne de este animal).

LA HISTORIA

ciudad y llevar un distintivo visible. Estas trabas hundieron a las comunidades hebreas y precipitaron una decadencia de la que nunca consiguieron salir.

Con la llegada de los Reyes Católicos, los hispanojudíos esperaban otro trato, ya que habían ayudado a la reina Isabel y la abuela del rey Fernando procedía de una familia judía, y presionaron a los conversos para que volvieran a la ley mosaica.

En 1478 se crea el Tribunal del Santo Oficio, cuya misión es controlar la fe de los conversos con el fin de acabar con la «justicia popular». Los conversos tienen miedo de este tribunal y se oponen formando una liga; la respuesta del tribunal fue quemar, en 1481, a 2.000 personas en Andalucía. Los conversos apelan al Papa, el cual hace constar que no está satisfecho con el procedimiento empleado, y, en 1483, se nombra como nuevo inquisidor general del Santo Oficio a un nieto de converso, fray Tomás de Torquemada, que actuó en Aragón, Cataluña y Valencia. En el mismo 1483 son expulsados de Andalucía y en 1486 de Aragón.

El 31 de marzo de 1492, tras la toma de Granada, donde además de la importante comunidad judía se habían refugiado en los últimos años los que huían de los pogromos [2] de Castilla y Aragón, se publicó el edicto de expulsión o conversión total, firmado por Torquemada. No se les permitía sacar ni oro ni plata. La cuestión económica la salvaron con operaciones bancarias internacionales. La emigración se dirigió a Portugal —el contingente mayor—, África del Norte, Turquía, Italia y Rumania. El balance final de la intolerancia fue que unos 160.000 se exiliaron, 240.000 se convirtieron y 50.000 fueron condenados, que no muertos, durante el primer medio siglo de Inquisición [3].

● *La organización judía en la España medieval*

Siguiendo las leyes del Talmud, practicaron desde su llegada una tendencia al aislamiento civil, organizándose autónomamente en torno a la sinagoga y al rabino, la autoridad máxima: era el gueto o judería.

Las comunidades judías, primero en la España musulmana y después en la cristiana, crecieron y se desarrollaron, y puede decirse que durante más de cuatro siglos consiguieron el mayor grado de integración con la sociedad envolvente que haya tenido cualquier otra comunidad judía en la diáspora. Ejercieron sus profesiones tradicionales del comercio y el préstamo, pero también otras de gran relevancia social, como médico, científico, filósofo y sabio, ocupando puestos en la administración pública, como recaudadores de impuestos, secretarios, e incluso lograron influencias en la corte.

Así pues, gozaban de un buen *status social:* tenían autonomía para gestionar sus impuestos, habían conseguido el privilegio de juzgar procesos civiles y criminales entre sus miembros, los artesanos y comerciantes habían creado gremios, y realizaban un sinfín de labores intelectuales.

Comunidades judías importantes hubo en toda la Península, y aunque datos de población son

---

[2] Voz rusa que significa ataque acompañado de asesinatos y pillaje.

[3] Las cifras sobre expulsados y condenados varían mucho según las fuentes consultadas. Las que aquí se dan proceden de las hipótesis rigurosas de Caro Baroja *(Los judíos en la España moderna y contemporánea)* y son las más aceptadas por la historiografía actual.

EL JUDAÍSMO

difíciles de rastrear, la existencia de cientos de sinagogas (ver el libro de Cantera *La sinagoga en España)* en todas las regiones explica la magnitud de esta comunidad. Cementerios judíos y sus topónimos, como Montjuich (Barcelona) o Judizmendi (Vitoria), también corroboran esta estimación, por no hablar de los barrios de muchas ciudades, que todavía se conocen como juderías, en Granada, Soria, Gerona, Toledo, Almazara y tantas otras.

Personalidades hispanojudías

La aportación hispanojudía a la cultura ha sido de primera magnitud: poetas, gramáticos, sabios, médicos, astrólogos, lingüistas, filósofos, traductores trabajaron aislados en su comunidad o protegidos por emires y reyes. Utilizaron el árabe, el hebreo, el hispanojudío y las lenguas locales, sobre todo el castellano, en sus escritos.

La producción cultural hispanojudía se movió en dos direcciones temáticas y estilísticas —con todas las salvedades que una afirmación de esta naturaleza comporta—: en el Sur se cultivó la poesía y las disciplinas artísticas, y en el Norte la cábala y la filosofía.

Incluso en los tiempos difíciles grandes personalidades hebreas destacaron en las ciencias y en las artes. El filósofo, médico y poeta prolífico **Yehuda Leví** (Tudela 1086-Israel 1141) pasó por varias ciudades, entre ellas Córdoba y Toledo, donde fue protegido del rey Alfonso VI. Escribió en hebreo y árabe. Su poema de contenido religioso *Himno de la Creación* es uno de los más significativos. Creó un género nuevo, las *siónidas;* muchas de estas poesías figuran en el ritual litúrgico de los judíos españoles. El exégeta bíblico **Abraham ibn Ezra** (Tudela 1092-Calahorra 1167) pasó varios años viviendo en Córdoba y Lucena y viajó por el norte de África y Europa. Profundo conocedor del árabe, tradujo al latín las obras de los sabios árabes para difundirlas por Europa. Como exégeta bíblico escribió *Comentarios al Pentateuco,* libro muy leído en la Edad Media y que fue objeto de otros comentarios; como lingüista hizo el primer intento por sistematizar una gramática hebrea, y como matemático desarrolló una labor divulgadora. El preceptista **Moisés ibn Ezra** (Granada 1060-1135) era de familia ilustre. Tuvo que emigrar y vivió en Zaragoza, Barcelona y Toledo, pero siempre añorante de Granada. Su *Libro de la consideración y del recuerdo,* escrito en árabe, es el único tratado de preceptiva poética de la literatura hebrea medieval. El viajero y comerciante **Benjamín de Tudela** (Tudela 1130-1175) escribió una detallada relación de sus viajes, con importantes datos sobre Babilonia y la geografía e historia de los países que recorrió. El astrólogo y médico **Moisés Sefardí** (Huesca 1062-1135) fue, además de médico de Alfonso I, rey de Aragón, un hombre de ciencia que desarrolló una gran actividad para que se privilegiaran los estudios del *Cuadrivium,* más científicos y verificables que los poéticos y literarios del *Trivium.* Elaboró unas tablas de astronomía, hoy perdidas, basadas en fuentes árabes y base de los estudios astronómicos posteriores. El cabalista **Moisés de León** (León 1240-1290) es el autor de *Esplendor (Zóhar),* la obra más importante de la cábala. Contrario a la filosofía aristotélica, y para frenar su influencia, escribió este comentario al Pentateuco, en el que se expone que, dado que es imposible conocer a Dios, éste se revela por medio de los diez *safirot,* que son manifestaciones de su sustancia. De **Sem Tob** (Soria, ¿1300-?), a pesar de sus pocos datos biográficos, se sabe que vivió en Carrión, donde compuso sus *Proverbios morales,* un conjunto de reflexiones morales inspiradas en apotegmas hebreos escritos en castellano y en forma de poesía rimada. **León Hebreo** (Lisboa 1465-Italia 1521), asentado en Toledo, tras la expulsión fue a Nápoles. Escribió en hebreo, castellano e italiano. Su obra más importante es *Diálogos de amor,* escrita en italiano y de claro contenido neoplatónico. Influyó en los grandes escritores del Renacimiento, como Castiglione, Bembo y, sobre todo, en Spinoza y Cervantes.

Pero sobre todos se alza la figura de **Maimónides.** Filósofo, talmudista y médico, nació en Córdoba en 1138 y murió en Egipto en 1204. Aunque en 1148 aparentó una conversión al islam, los acosos de los almohades le hicieron abandonar la España musulmana y huir a Fez; después fue a Palestina y por último a El Cairo, donde vivió casi hasta su muerte ganándose la vida con el ejercicio de la medicina y siendo el jefe de las comunidades judías en Egipto. En su época gozó de gran renombre y es el autor judío indiscutible en la cultura europea por su obra filosófica. Destacan en sus escritos la claridad expositiva y la sistematización. Sus obras de medicina fueron traducidas al árabe, al latín y al judeoespañol. Sus estudios talmúdicos le han hecho para el judaísmo la principal figura posbíblica *(De Moisés a Moisés [Maimónides] no hubo otro Moisés,* se afirmaba ya en su tiempo). *La guía de perplejos* es su obra filosófica por excelencia, en la que trata de establecer la armonía entre fe y razón.

El antisemitismo español

El argumento antisemita español no es diferente al que se ha esgrimido en otras partes del mundo. Para perseguir a los judíos se apela a motivos religiosos, por deicidas; económicos, por usureros al ejercer la profesión del préstamo; psicológicos, por soberbios al defender la pureza de sangre, y físicos, por pertenecer a otra raza. Lo curioso del caso español es el tratamiento diferente que se dio a las comunidades moriscas y hebreas. Una vez que fue decretada la expulsión de los moriscos (1611) el problema islámico desapareció, mientras que con los judíos no sucedió igual. Desde el siglo XVI al XVIII fueron muchos los conversos que pasaron por el tribunal de la Inquisición, y el éxodo durante este período también fue significativo. Muchos conversos serían judaizantes, pero se respetó a los morabitos, místicos musulmanes que vivían apartados de la sociedad. Lo que sucedía era que los moriscos convertidos eran labriegos, gente de poca relevancia social, lo contrario de muchos conversos, que precisamente por conservar esta situación fue por lo que judaizaron. Estas persecuciones religiosas, como en otros lugares del mundo, encubrían una situación económica intolerable y se utilizaban para desviar la ira de las capas populares depauperadas.

Los sefardíes

Las familias hispanojudías que marcharon a Portugal pronto tuvieron que abandonarla, ya que también allí se decretó su expulsión en 1497. *Sefarad* era el nombre bíblico de la península Ibérica, y de ahí el gentilicio *sefardíes.* También se consideran sefardíes los conversos que huyeron de la Inquisición en los siglos posteriores. Más tarde, sefardí pasó a designar a los judíos de la cuenca mediterránea, tuvieran o no su origen en los exiliados de España y Portugal.

EL JUDAÍSMO

Los sefardíes siguieron tres rutas: norte de África, desde Marruecos hasta Egipto; Italia, Grecia, Rumania y Turquía; Países Bajos, desde donde muchos se desplazaron al centro de Europa y a Inglaterra. Las dos rutas del norte y sur del Mediterráneo se encontraron en Palestina y Turquía. A partir del siglo XVI también se dirigieron a América.

En los primeros tiempos fueron bien aceptados en los países islámicos por su prestigio científico y cultural. Pero también sufrieron persecuciones, y de ahí su constante deambular. Las comunidades sefardíes más importantes y numerosas fueron las de Fez, Salónica, Esmirna, Constantinopla, Tiberiades y Jerusalén.

En todos los lugares donde se asentaron formaron juderías, viviendo en barrios propios dirigidos por un jefe espiritual y fundando sinagogas y escuelas talmúdicas. Conservaron el ritual litúrgico que habían practicado durante siglos en la Península, las costumbres familiares y la lengua castellana. Aunque hay que distinguir dos tipos de castellano; para las traducciones bíblicas se empleaba el ladino, un castellano muy hebraizado, tanto en su sintaxis como en su léxico y fonética, que procedía de las biblias romanceadas medievales. Para el habla vulgar se empleaba el castellano de la época de la expulsión, que poco a poco fue empobreciéndose al faltarle el contacto directo y al adulterarse con préstamos de los distintos idiomas con los que entraban en contacto: arabismos, italianismos, galicismos y turquismos. Este dialecto, vivo en la actualidad, es el que se conoce como judeoespañol o judesmo y que no debe confundirse con el ladino, que es lengua litúrgica.

Las comunidades que siguieron la ruta de los Países Bajos abandonaron pronto el castellano y pasaron a hablar las lenguas de los países de adopción.

● *Los judíos en Europa*
A partir del siglo VII, la religión dominante en la Europa occidental ha sido la cristiana. Sus relaciones con el judaísmo han estado siempre marcadas por una cierta ambigüedad; si bien los judíos «merecen el estatuto de inferioridad por su perfidia y su ceguera que les ha impedido ver en Cristo al Mesías» (ver a este respecto la cantidad de esculturas medievales que representan a la Iglesia en una actitud noble y con una mirada penetrante, frente a la sinagoga, que aparece con los ojos vendados y sujetando las Tablas de la Ley al revés), a la vez «merecen que se les proteja por haber sido testigos privilegiados del paso de Jesús por la Tierra».

Un objetivo prioritario durante la Edad Media en Europa era la conversión de los judíos al cristianismo. Los que no aceptaban la fe de Cristo tenían que vivir separados de la sociedad «para no contaminarla», de ahí la necesidad de obligarlos a llevar un distintivo visible con el fin de evitar la posible promiscuidad, si bien esta marca también era un signo de ciudadano protegido, que les salvaguardaba contra la ira de la población indigente que veía con malos ojos el hecho de que detentaran una gran parte de la economía del país. La Iglesia prohibía a sus fieles el préstamo de dinero con interés; así pues, esta actividad económica se convirtió en uno de los modos de vida de los judíos, que, en contrapartida, debían pagar un alto tributo al reino correspondiente, por lo que las economías estatales dependieron cada vez más de ellos.

La situación económica y el argumento antisemita despertaron el odio popular hacia las comunidades judías a finales de la Edad Media, provocando su expulsión de muchos países, primero de la Europa occidental y luego de la oriental.

Los askenazíes

En un principio, esta palabra definía a los judíos de Alemania. Eskenaz fue un descendiente de Jafet y en la literatura rabínica medieval designaba a Alemania; por extensión pasó a designar a otros países de origen germano, ya fuera Bohemia o los países del este de Europa, en oposición a los sefardíes, que eran los que habitaban en España (*Sefarad*). Su unidad cultural proviene del uso de la misma lengua: el yídico, una hermosa combinación de alemán antiguo y hebreo, frente al ladino y judesmo de los sefardíes.

La presencia judía en Alemania se remonta a la época de dominación romana; pero su gran desarrollo tuvo lugar durante la Edad Media.

Gozaban de amplias libertades de culto y de comercio, y las comunidades se organizaban con total autonomía. En tales circunstancias, los judíos se consagraron esencialmente a los negocios y, en particular, al comercio exterior con el Este y con el Próximo Oriente.

Desde las Cruzadas empezaron a ser muy atacados por los cristianos que querían convertirlos. El emperador los defendió por motivos económicos: les autorizó a que siguieran con sus cultos, a cambio de unos impuestos cada vez más elevados y con una libertad cada vez más restringida. Los trabajos de los rabinos askenazíes son muy importantes en el terreno de la Ley judía; entre los más destacados están Rabbi Gershom (960-1028), apelado «la luz de la diáspora», y Rabbi Salomón Bar Isaac (1040-1105), cuyos comentarios a los cinco primeros libros del Antiguo Testamento sigue siendo referencia obligada en la historia del judaísmo. Por último, hay que señalar que fue en esta región y durante esta época cuando apareció el hasidismo, movimiento caracterizado por una moral muy estricta, impulsado por Samuel Ben Kalonimus (s. XII) y su hijo Judas.

• *La expulsión de Europa occidental*

La situación de los judíos en Europa se deterioró muchísimo tras la primera Cruzada (1096), que despertó una ola de fanatismo religioso. Los cristianos que se lanzaron a la toma de Jerusalén no veían con buenos ojos la presencia judía en la ciudad santa.

En su marcha hacia Oriente, los cruzados masacraron a un gran número de judíos en Francia, Alemania y Bohemia, a los cuales sólo les cabía la conversión para escapar de la muerte.

La primera expulsión, y anuncio de otras muchas que vendrían después, se produjo en Inglaterra en 1290. Como en otros países de Europa, los judíos se habían consagrado al comercio bancario aunque cada vez les resultaba menos rentable por las tasas tan enormes que tenían que entregar a la tesorería real. En 1275, el rey Eduardo I adoptó la *Jewish Affairs Bill* (Normativa para los negocios de los judíos), que prohibía a los judíos el préstamo de dinero con intereses. Al verse privados de su fuente de ingresos, los judíos se empobrecieron hasta tal punto que se convirtieron en un peso para la economía del reino. Esto justificó su expulsión del país.

El mismo proceso se dio en Francia. En el año 1230, Luis IX adopta el decreto de Melun por el cual se prohíbe a los judíos comerciar con dinero, por motivos religiosos; en 1253, el rey ordena su expulsión, ya que no ejercen ningún oficio pro-

EL JUDAÍSMO

ductivo. Más tarde, Francia los readmitió, antes de expulsarlos de nuevo.

En otros países de Europa, la historia fue más o menos la misma, y allí donde no fueron desterrados se los encerró en guetos.

En Polonia

Polonia, muy poco poblada al principio de la Edad Media, no opuso ningún reparo a la llegada masiva de judíos que escapaban de las persecuciones de Hazar y Bizancio.

Aquí pudieron ejercer otros trabajos que no fueran sólo el comercio del dinero, el único que se les permitía en Europa occidental. En el año 1264, Bolescaw el Piadoso les concedió protección, libertad de culto, autonomía jurídica para resolver sus problemas internos y libertad de movimiento.

Años después, cuando las presiones económicas y religiosas contra ellos se dejaron notar, la nobleza polaca les permitió construirse en sus tierras ciudades exclusivamente judías. Por tanto, puede decirse que al judaísmo le fue bien en Polonia hasta la llegada de los cosacos en 1648. Entre los cosacos, que venían de Ucrania, y la constante presión sueca, que buscaba en Polonia ampliar su territorio, la inmigración judía cambió de dirección: de Este a Oeste. Pero la mirada hacia el Oeste, en esta época, se pone más lejos, en América. Para comprender la importancia de la presencia de judíos en Polonia téngase en cuenta que a pesar de todas las migraciones, en el año 1929, en Varsovia, el 32,5 % de la población era judía.

● *El siglo XIX en Rusia*

Los únicos países que han escapado de la emancipación judía en Europa son Rumania y Rusia, y cuentan con una población judía de cinco millones de personas, es decir, la mitad de la población judía mundial.

Durante el siglo XIX, sus condiciones de vida fluctuaron en función de la política de los zares, dominada por el deseo de que se integraran a través de la conversión.

Así, Nicolás I (1825-1855) promulgó el «acta de incorporación» en 1827, que obligaba a las comunidades judías a entregar una cuota de muchachos, cumplidos los doce años, al ejército. Estos niños vivían hasta los dieciocho años en el seno de familias cristianas, antes de pasar a servir, hasta los veinticinco, en el ejército.

A pesar de estos intentos de integración forzada, en su conjunto la política de integración fue un fracaso, y lo que consiguió fue que muchos jóvenes pasaran a militar en organizaciones judías revolucionarias para escapar del ejército, y que otros abandonaran el país y marcharan, la mayoría, hacia América. En cualquier caso, la comunidad judía rusa era muy numerosa y el censo de 1930 refleja que en Odessa el 44,4 % de la población era judía, y en Pinsk el 75 %.

● *Los judíos en América*

La inmigración judía a Estados Unidos de América tuvo tres momentos importantes y con características diferentes:

– La primera oleada, de 1654 a 1820, estuvo compuesta, en su enorme mayoría, por familias judías procedentes de España y Portugal.
– La segunda oleada, de 1820 a 1860, procedía, esencialmente, de Alemania.
– La tercera oleada, de 1880 a 1924, huía de los países del este de Europa.

Los *marranos* (término aséptico que se propagó en América y Países Bajos para designar a los judíos que procedían de España y Portugal, como ya se ha visto, sinónimo de judaizante) fueron los primeros judíos que llegaron a Nueva Inglaterra. Allí fundaron una comunidad judía americana que desde entonces no ha dejado de crecer, hasta convertirse en la actualidad en la comunidad judía más poderosa de Nueva York.

Los judíos de América obtuvieron la igualdad de derechos cuando se produjeron las enmiendas de la Constitución que separaba los poderes de la Iglesia y del Estado, en 1791. Esta situación atrajo a otras muchas comunidades que, cada vez más numerosas, fueron a instalarse en este país. Así, hacia 1850, la llegada de judíos alemanes supuso que la comunidad pasara de 5.000 a 280.000 miembros. Los recién llegados fueron el núcleo de la expansión del judaísmo moderno, que cuenta en la actualidad con más de doscientas congregaciones en los Estados Unidos.

La mayoría de los judíos, en los primeros tiempos, se dedicaron a la venta ambulante y al pequeño comercio y, con el tiempo, muchos de ellos se convirtieron en banqueros y gerentes de prósperos negocios.

Con la tercera oleada de inmigrantes procedentes de Europa del Este, la comunidad pasó de 280.000 a 4,5 millones de personas.

Para acelerar la integración de los recién llegados se crearon agrupaciones de acogida que fueron el nódulo de los futuros sindicatos obreros como la *United Jewish Trade Union* (Unión de Sindicatos Judíos Unidos), que más tarde dará lugar a la *Arbeiter Ring*.

La primera guerra mundial favoreció la integración de los judíos, que, en su mayoría, lucharon con el ejército americano. Por supuesto, algunos hechos tales como la limitación de inmigrantes procedentes de la Unión Soviética en los años veinte, así como la crisis económica de 1929, relanzaron el antisemitismo en el país, pero nunca fue tan duro y sistemático como el que se padeció en otros lugares.

- *De los pogromos, en la Europa del Este, al sionismo*

Dos tremendas oleadas de pogromos se llevaron a cabo en Rusia contra los judíos: la primera entre los años 1881 y 1884, y la segunda de 1903 a 1906.

Ante la primera, que había tomado como pretexto el hecho de que un judío hubiera participado en el asesinato del zar Nicolás II, la reacción de la comunidad judía a estos pogromos se movió en tres direcciones: una gran inmigración hacia América, vía Europa occidental; crear batallones de autodefensa para contrarrestar la pasividad de las autoridades rusas, y, por último, una inmigración hacia Palestina (1882-1903), donde los recién llegados fundaron asociaciones sionistas como *Hovevei Sion* (los amantes de Sión). En esta época, la vida de los judíos en la Palestina ocupada por los otomanos fue muy agradable, ya que Atatürk les reconoció un estatuto de igualdad social y civil.

La segunda ola de pogromos, que estalló en el marco de la revolución rusa de 1905, se caracterizó por una persecución despiadada de las autoridades contra las organizaciones judías de autodefensa, a menudo simpatizantes del socialismo, no dejando a los judíos otra salida que no fuera el exilio, y éste cada vez se dirigía más hacia Palestina, donde formaron organizaciones paramilitares para defender los nuevos asentamientos de los ataques árabes.

EL JUDAÍSMO

4. De las persecuciones al Estado de Israel

Con las nuevas teorías de Darwin, el antisemitismo moderno, que apareció en Europa a finales del siglo XIX, no se basó únicamente en la religión sino que utilizó el concepto de raza. Muchas comunidades judías, ante la nueva forma de intolerancia, cayeron en la tentación de los nacionalismos de la época, considerando seriamente, por primera vez desde hacía tanto tiempo, la creación de un Estado judío en Palestina.

El logro de este proyecto pasaba por una lucha sin cuartel contra los árabes, asentados desde hacía años en ese territorio y por tanto mayoritarios en el país, y por una guerra contra Gran Bretaña, la potencia mandataria desde la caída del imperio otomano y que a lo largo del proceso se mostró tanto aliada de los judíos como enemiga.

Mirando hacia atrás, la Historia nos permite hoy valorar mejor la importancia que tuvo para la creación del Estado de Israel, por un lado, el ascenso del antisemitismo en Europa a finales del siglo pasado, pues precipitó la llegada de oleadas sucesivas de inmigrantes judíos a Palestina, y, por otro, la mala conciencia de Occidente ante el holocausto nazi.

Regreso y asentamiento de oleadas de inmigrantes

La ascensión de los nacionalismos en Europa, en los que los judíos, mal integrados en los países de acogida, eran siempre los chivos expiatorios (el caso Dreyfus fue fundamental para que Teodoro Herzl se entregara a la organización del movimiento sionista), reanimó, entre ellos, la esperanza del regreso a la tierra de sus ancestros.

En 1895 Herzl publica en Viena *El Estado judío*. En este libro expone que sólo se podrá acabar con el antisemitismo con el reagrupamiento de los judíos en un Estado autónomo judío y que éste debe resurgir en Palestina. Diferentes personalidades judías se suman a la idea y empiezan a predicar la vuelta a Palestina. En Basilea, en agosto de 1897, se reunió el primer Congreso Mundial Sionista, al que asistieron más de doscientos delegados de países de Europa, América y el norte de África y elaboraron un documento que puede considerarse como el acta fundacional sionista.

Las líneas de actuación del sionismo iban en dos direcciones:

– ocupar paulatinamente el territorio de Palestina;
– conseguir el reconocimiento internacional del derecho a la «patria nacional judía» en Palestina.

Estas ideas irán tomando cuerpo con la llegada de la primera *alyah* (marcha) a Palestina (1881-1903), huyendo de los pogromos de Rusia. Sin embargo, Palestina había cambiado mucho desde la Antigüedad. El imperio otomano estaba en plena desintegración y no tardó en caer en manos europeas. Los estados europeos reabrieron sus embajadas y enviaron fuerzas en misiones diplomáticas. Durante la primera mitad del siglo XIX sólo había 8.700 judíos reagrupados en cuatro ciudades santas. Con la llegada de los primeros inmigrantes, Jerusalén, que apenas tenía una población de 5.000 judíos, pasó a tener, en quince años, 35.000.

● *La primera* alyah: *1881-1903*

Setenta mil judíos procedentes de los países de Europa del Este pretendieron instalarse en Palestina. Sólo lo consiguió la mitad. Las dificultades diarias, de-

LA HISTORIA

bidas a las restricciones que les imponían los otomanos y al desconocimiento de las técnicas agrícolas de la región, desalentó a los demás.

La adaptación de los primeros colonos se hizo más fácil tras el estudio de la región realizado por una misión científica enviada por el barón Rothschild para establecer cuáles serían los mejores modos de funcionamiento en la zona.

En 1903, los judíos cultivaban 50.000 hectáreas y habían establecido 23 explotaciones agrícolas.

- **La segunda alyah: 1904-1914**

Estuvo formada esencialmente por rusos que huían de los pogromos y se instalaron en las ciudades principales. Tel Aviv, la primera ciudad completamente judía, data de esta época.

Ya había 85.000 judíos en Palestina.

Paralelamente se asiste a la llegada de numerosos grupos de judíos yemenitas que abandonan una región árida y aislada; la operación «alfombra voladora» trasladó a 50.000 personas entre 1881 y 1948.

- **La tercera alyah: 1919-1923**

Treinta y siete mil judíos fueron a instalarse en Palestina durante este período en el que el mandato de la zona lo detentaba Gran Bretaña. Las inmigraciones traían a personas que escapaban de los rigores de la posguerra europea, así como de los nuevos pogromos que acompañaron a la Revolución rusa. Fue una época en la que parecía que se había llegado a la saturación de la región; el paro afectó a 4.000 inmigrantes que deseaban establecerse en el país.

- **La cuarta alyah: 1925-1929**

A partir de 1925, en tan sólo dieciocho meses, 48.000 inmigrados van a sumarse a los 93.000 judíos que ya viven en Palestina. Esta oleada procedía, sobre todo, de Polonia, pero también de la Unión Soviética, de Yemen y de Irak.

Tel Aviv absorbió al 65 %, en su mayoría de origen pequeño burgués.

Entre 1926 y 1928, el país atravesó una gran crisis económica que empujó a más de 15.000 personas a emigrar; los residentes apostaron por la agricultura, especialmente por los cítricos, y a esto se debió, en gran parte, la recuperación económica de finales de los años veinte.

- **La quinta alyah: 1929-1939**

El decenio que va de 1929 a 1939 es el del desarrollo de la organización de los judíos en Palestina.

Con la ascensión del nazismo en Alemania y el control restrictivo de la inmigración en los Estados Unidos, 23.000 inmigrantes se dirigieron a Palestina y formaron la quinta *alyah;* la población judía alcanzaba ya la cifra de 475.000. Gran Bretaña empezó a ver con peligro en la llegada de estas oleadas de judíos y extremó sus controles, por lo que los nuevos inmigrantes entraron clandestinamente encubiertos como turistas. Un buen número de los recién llegados iban con capitales importantes que invirtieron en la industria.

La reacción árabe

El nacionalismo árabe, que había empezado a cuajar a finales del siglo XIX, vio en el sionismo un cuerpo extranjero que venía a expoliar un pueblo de su tierra y a detener el proceso de la unidad árabe. Por tanto, desde 1891, los árabes se opusieron a que se establecieran, y así se lo expresaron a los otomanos, con la esperanza de que detuvieran

EL JUDAÍSMO

el flujo ininterrumpido de inmigrantes judíos.

La llegada de los británicos y la declaración de Balfour, que legitimaba la presencia judía en Palestina, no hicieron más que aumentar su temor, ya que significaba un duro revés para la idea que se había ido desarrollando de una gran Siria que englobara a Palestina.

A partir de 1920 se generalizaron las insurrecciones árabes, con la esperanza de obtener de la potencia mandataria el nombramiento de un gobierno árabe representativo.

Cuando los británicos aceptaron limitar la inmigración judía ya era tarde, y la oposición violenta se transformó en lucha política. La sublevación sangrienta de 1929 trajo como consecuencia la división del territorio entre las dos comunidades, árabe y judía, y se llegó a que cada una tuviera sus ciudades e incluso sus barrios.

La protesta árabe, desde 1936, trató de organizarse luchando tanto contra los judíos como contra los británicos. Su primera acción fue una huelga general que pretendía paralizar el país; se inició en Jaffa y a partir del mes de abril se extendió por todo el país. En seguida se transformó en una insurrección que, dirigida por el Alto Comité Árabe, a cuyo frente se encontraba el mufti Hadj-Amin el Husseini, duró 165 días.

Para sacar adelante su economía, los judíos rápidamente pusieron en marcha unas nuevas estructuras; con el fin de defender las ciudades, crearon el concepto de «torre y empalizada», que consistía en construir, en zonas estratégicas, poblados capaces de impedir las infiltraciones árabes y que formaban un bloque continuo de aglomeraciones judías.

La reacción británica a la revuelta árabe cubrió dos frentes: uno diplomático, que consistió en solicitar a los demás estados árabes que calmaran los ánimos de los palestinos, y otro militar, que reprimió duramente el movimiento —baste como ejemplo la batalla de Jaba en septiembre de 1936.

En 1937, los británicos propusieron un plan para el reparto de Palestina entre árabes y judíos; pero esta solución fue rechazada por los palestinos, que respondieron con el asesinato del comisario británico en Galilea. El hecho provocó una violenta reacción británica consistente en desmantelar el Alto Comité Árabe, bombardear ciudades civiles y llevar a cabo ejecuciones públicas.

La actitud británica

Gran Bretaña preveía la caída del imperio turco, así que trató de asegurarse el control de Palestina, que serviría de zona tapón entre sus fuerzas en Egipto y las tropas francesas que se encontraban en Siria. En Londres se pensó que la presencia judía en Palestina favorecía su hegemonía en la zona; este planteamiento explica sin lugar a dudas la declaración de Balfour en 1917, que reconocía por primera vez a la Federación sionista y que en consecuencia legitimaba sus objetivos.

Cuando Gran Bretaña se convirtió en la potencia mandataria de Palestina cambió su actitud, apoyando tanto a los árabes como a los judíos. Así, en 1922, el Libro blanco (recomendaciones británicas sobre Palestina) circunscribe la patria nacional judía a la zona occidental y limita la inmigración en función de las necesidades del desarrollo económico del país.

El segundo Libro blanco, de 1930, recomienda un control estricto de la inmigración judía y prohíbe a los árabes que vendan sus tierras a judíos. Esto pro-

LA HISTORIA

voca tal protesta en la diáspora mundial que obliga al primer ministro inglés a no aplicar estas medidas. Llegó de esta manera un período favorable para los judíos.

La insurrección árabe convenció a los británicos de la necesidad de dividir el país. A partir de ese momento el control de la inmigración fue muy riguroso y se llegó a la publicación del tercer Libro blanco, en el que se preconizaba la independencia de Palestina en el plazo de diez años. La lucha entre los judíos y Gran Bretaña está, así, a punto de plantearse seriamente.

Años más tarde, la comunidad judía internacional reprochó a Gran Bretaña su responsabilidad en la masacre de judíos durante la segunda guerra mundial por no haber permitido a los refugiados que huían de los nazis establecerse en Palestina.

De la persecución al holocausto

Hitler, en su programa, prometía acabar con la «supremacía judía», y declaró, desde su llegada al poder, en 1933, el boicot económico a los judíos, aunque tuvo que echar marcha atrás al poco tiempo debido a las presiones internacionales.

Por otro lado, el partido nacional-socialista se encargó de definir quiénes pertenecían al judaísmo, considerando judía a toda persona con tres ascendentes judíos. Con estos criterios la política antisemita se pudo poner en marcha. Y así las personas judías de dichas características, como consecuencia de las leyes racistas promulgadas en Nuremberg en septiembre de 1935, perdieron automáticamente su nacionalidad alemana. Esta legislación se acompañó de escarnios económicos como despedir de sus empleos a los judíos o traspasar sus negocios a manos «arias». Paralelamente, Goebbels orquestaba una serie de campañas violentas de humillación y difamación con el claro propósito de empujar a los judíos hacia el exilio.

Aunque lo más duro estaba por llegar aún. La noche del 9 al 10 de noviembre de 1938, llamada *Noche de los cristales rotos*, muchas sinagogas fueron destruidas, y numerosos judíos detenidos y encarcelados; el carácter violento de esta persecución no había hecho nada más que empezar. En enero de 1939 se creó la oficina central del Reich para la emigración judía, que consiguió que, antes de iniciarse la guerra, 400.000 judíos abandonaran la Alemania nazi. Cuando empezó la guerra, y en todo el territorio del Reich, dos millones de personas judías, ya fueran adultos, ancianos o niños, a las que se les había despojado de todos sus bienes, tuvieron que llevar visible un signo distintivo con la forma de una estrella amarilla.

● *Los guetos*
El paso siguiente fue la política de los guetos, que ya se había practicado durante la Edad Media y que tenía como objetivo aislar al «microbio judío» para impedir que se propagara. Encerrados en un espacio reducido y casi hermético, los judíos esperaban en condiciones a menudo dramáticas la «solución final». Esta política de guetos únicamente se practicó en la Europa del Este; en otros lugares se reemplazaron por «campos de trabajo».

Sólo en el año 1941 murieron 43.000 personas como consecuencia de la precariedad en sus condiciones de vida y de higiene en el gueto de Varsovia.

● *La solución final*
La idea del exterminio masivo que esperaba a los judíos desde hacía ya tiempo cobró forma tras la guerra contra la Rusia

EL JUDAÍSMO

«judeobolchevique» en febrero-marzo de 1941.

Para tal propósito se siguieron dos métodos:

– la masacre colectiva: se agrupaba a las personas judías en unidades móviles, los *Einsatzgruppen*, y se las ejecutaba en las proximidades de los frentes (del ruso esencialmente). Fue así como perecieron un millón y medio de personas en 1941, tras la conquista de la URSS;
– los campos de exterminio o *Vernichtungslager*, donde se concentraba a personas judías de todas las edades antes de acabar con ellas en las cámaras de gas y en los hornos crematorios. De cuatro a seis millones de judíos perecieron en campos de la muerte como Auschwitz, Treblinka, Sobibor, Belzec...

Del holocausto al Estado de Israel

El conocimiento de los horrores perpetrados por los nazis supuso un enorme trauma en el mundo occidental, y a la vez un sentimiento de culpabilidad en las grandes potencias con respecto al pueblo judío. Esto favoreció y aceleró el proceso de la creación del Estado de Israel en Palestina, que permitiría a este pueblo destruido tener una nación, una tierra de acogida.

• *Palestina durante la guerra*

A pesar de las amenazas que pesaban sobre Palestina por la presencia del ejército de Vichy en Siria y Líbano, y del ejército alemán en África, el número de inmigrantes judíos que llegaron allí buscando refugio durante la guerra fue enorme, pasando de 337.000 a 427.000 en el año 1944 y formándose 49 nuevas colonias. Ante la necesidad de encontrar una solución rápida al problema de supervivencia del pueblo judío, el Comité ejecutivo sionista, reunido en Nueva York en mayo de 1942, se fija como objetivo el establecimiento en Palestina de un Estado judío independiente. A las organizaciones clandestinas se les encarga que, sin pérdida de tiempo, empiecen a trabajar para eludir los controles británicos y conseguir que nuevos inmigrados judíos entren en Palestina.

Aunque el *Yisuv* (conjunto de judíos en Palestina) había luchado durante la guerra junto a Gran Bretaña, ahora se ve obligado a luchar contra ella para llegar a la consecución del Estado de Israel.

• *El* Yisuv *contra Gran Bretaña*

Al acabar la guerra, Gran Bretaña seguía aplicando la política del tercer Libro blanco en Palestina. Ben Gurion ordena a la *Haganah* (unidades armadas del *Yisuv*) que atacaran objetivos británicos.

La reacción de la potencia mandataria fue represiva y acabó con la detención de 2.700 dirigentes y militantes el 29 de junio de 1946.

De cara a la guerra que se perfilaba, los judíos se dispusieron a comprar armas y fabricarlas. Ahora bien, ante las presiones mundiales y la llegada masiva de los supervivientes de los campos de la muerte a Palestina, Gran Bretaña llevó el problema a la ONU en agosto de 1947. Propuso la partición del país en dos estados, judío y árabe, y que Jerusalén obtuviera un estatuto internacional. Los árabes declararon que se opondrían con la fuerza a tal partición; a pesar de la amenaza, el 29 de noviembre quedó aprobado el plan por la asamblea de la ONU.

Al día siguiente, el Alto Comité Árabe de Palestina proclamó la huelga general.

• *La primera guerra árabe-israelí*

La guerra empezó el 30 de noviembre de 1947. Con más de un

LA HISTORIA

millón de personas, los palestinos eran mayoría, pero carecían de armas y no estaban organizados. Los judíos eran 600.000: 60.000 luchaban en las filas de la *Haganah* y del *Irgun;* 20.000 procedían de unidades de la diáspora, y 27.000 de los desmovilizados del ejército británico, que se declaró neutral y actuó como observador.

Al principio los palestinos consiguieron aislar las principales poblaciones judías (marzo de 1948), pero en abril un contraataque de la *Haganah* las liberó y controló la vía a Jerusalén.

El 15 de mayo, día en el que concluía el mandato británico en Palestina, la guerra se hizo regional al entrar otros países árabes en el conflicto. Este cambio favoreció a los israelíes, que lanzaron un plan de paz internacional pidiendo negociaciones directas entre las partes.

A finales del mes de noviembre, el ejército israelí se abría paso hacia Sodoma, y en diciembre llegó al Sinaí.

El 7 de enero de 1949, americanos e ingleses impusieron un alto el fuego. El 24 de febrero, israelíes y egipcios firmaron en Rodas un armisticio controlado por observadores de la ONU; el Líbano hizo lo mismo el 23 de marzo de 1949; después le llegó el turno a Transjordania el 3 de abril, y a Siria el 20 de julio.

El Estado israelí tenía elaboradas desde hacía meses las estructuras futuras de la organización que le permitiría oficialmente existir. La historia del pueblo judío ya no podrá escribirse sin contar con él.

II
LA ÉPOCA CONTEMPORÁNEA

1. El Estado de Israel

Las estructuras del nuevo Estado

Diecinueve siglos después del comienzo del exilio y apenas sesenta años desde el nacimiento del sionismo, el pueblo de Israel se encontró en el país de Canaán, la tierra desde donde se inició la diáspora. El sionismo, como otro más de los nacionalismos europeos, empezó a tomar cuerpo durante la década de 1880, impulsado por Teodoro Herzl, y, en 1897, el primer congreso sionista mundial, reunido en Basilea, demostraba que la organización era un hecho y que su causa tendría éxito. Tras una guerra sangrienta que todavía no se puede afirmar que haya acabado, casi cincuenta años después de su creación, el Estado de Israel aún no tiene fronteras consensuadas y reconocidas por el propio Estado y por el resto de los países del mundo.

Desde su constitución, el nuevo Estado ha tenido que enfrentarse diariamente con graves problemas que exigían soluciones urgentes, solventando gracias a la existencia de diversas instituciones creadas en los decenios anteriores por el *Yisuv* y por las autoridades mandatarias, como son:

– la *Organización Sionista*, encargada de mantener contactos permanentes entre la diáspora y el *Yisuv*;
– la *Agencia Judía*, creada en 1929 y cuya misión consiste en reclutar nuevos inmigrantes;
– el *Knesset*, instituido en 1920 y luego órgano legislativo del nuevo Estado.

Como se desprende de la existencia de estas instituciones, los principales problemas (y al mismo tiempo las razones de su esperanza) provienen de la inmigración masiva que no ha cesado desde la creación del Estado de Israel. Desde 1948 a 1951, 700.000 nuevos inmigrantes desembarcaron en el país: muchos más de los habitantes que el Estado tenía cuando se proclamó. Procedían, en su mayoría, de Europa oriental (en particular de Rumania y Polonia), pero también de los campos de exterminio alemanes, de los campos de concentración británicos de Chipre y de Yemen, y de otros países árabes.

La llegada de esta cantidad de gente provocó un paro importante y una grave penuria económica. El Estado se encontró con que lo que tenía que hacer en primer lugar era solucionar los problemas inminentes de los recién llegados, y para ello creó la oficina de aprovisionamiento y ubicación, pues era el único propietario de todas las tierras. Todavía hoy este intervencionismo estatal caracteriza la economía israelí.

Paralelamente se empezó a roturar nuevas tierras y a crear nuevas ciudades en las tierras hábiles para el cultivo y en las regiones abandonadas por los árabes. De 1948 a 1953 se crearon 284 nuevos poblados.

• *Aparición de las instituciones*

El 25 de julio de 1949 tuvieron lugar las primeras elecciones generales para constituir la primera Asamblea: el órgano legislativo del nuevo Estado será el

Knesset, compuesto por 120 diputados/as elegidos por sufragio universal directo. A este órgano corresponderá dar su confianza al gobierno, o rechazarlo por medio de la presentación de una moción de censura. La jefatura del Estado la detentará un presidente representativo.

El poder judicial tendrá total independencia.

El 10 de marzo de 1949, el primer gobierno obtuvo el voto de confianza del *Knesset.* Era una coalición de cuatro de los diez partidos representados en la Cámara: el *Mapaï* (partido social-demócrata de los trabajadores de Israel), el partido de la derecha moderada y dos partidos religiosos. Fueron claramente excluidos los partidos extremistas. Este esquema de gobierno se mantuvo sin apenas cambios hasta 1977.

Pero la gran originalidad del Estado de Israel reside en que carece de Constitución. La razón es evitar enfrentamientos entre los fieles religiosos, deseosos de que se legislara con los preceptos del Talmud, y los no religiosos, partidarios de una vida moderna laica.

Sólo se promulgaron algunas leyes fundamentales: la ley sobre el servicio militar obligatorio, la ley sobre la educación gratuita y obligatoria y la ley del regreso, que reconoce a cualquier persona judía el derecho a instalarse en Israel y obtener la nacionalidad del país.

● ***Estructuras internas***

La llegada masiva de judíos y judías del mundo entero cambió radicalmente la demografía del nuevo Estado, y así, a finales de los años cincuenta, la población judía de Israel era del 90 %.

A los recién llegados se les instaló en ciudades que antes habían ocupado los árabes, siguiendo la política de los *mosavim* y de los *kibbutzim*. El objetivo prioritario era la repoblación del «corredor de Jerusalén».

– *Los regadíos*
La primera traba que tuvo que vencer la agricultura y la repoblación del país fue la aridez del terreno. Por tanto, una de las tareas preliminares fue la elaboración y la aplicación de un plan de regadíos llamado *Yarkon-Neguev* y que consistía en llevar el agua de los cursos del Yarkon, en Roš ha-Ayin, hacia el Sur y el Neguev. La puesta en marcha de este plan produjo un cambio sustancial en la ocupación del suelo. En adelante, la superficie cultivable y por tanto habitable sería mucho mayor.

– *Las comunicaciones*
El segundo problema que hubo que resolver fue el de la comunicación del interior del país con el resto del territorio. Una buena red de carreteras aseguró la comunicación entre las diferentes regiones. Paralelamente, la marina mercante se desarrolló con la compra de cargueros y paquebotes. Asimismo se creó una compañía aérea estatal, *El Al,* que aseguraba las comunicaciones con Europa y América, eliminando de esta manera la sensación de aislamiento en un entorno hostil.

Estos trabajos se completaron con la apertura del puerto de Kishon (más tarde Haifa) y la construcción de centrales eléctricas desde las que se llevó la energía a todo el país.

– *La industria y la economía*
El nuevo Estado tuvo igualmente que montar una industria prácticamente inexistente. Se empezó por ampliar, antes de que se realizaran en la zona prospecciones petrolíferas, la fábrica de potasa del mar Muerto.

Sin embargo, para llevar a cabo su desarrollo, la economía israelí ha dependido siempre de las ayudas exteriores. Esta ayuda ha procedido esencialmente

LA HISTORIA

de tres fuentes: la diáspora judía de todo el mundo; el gobierno americano; la República Federal Alemana.

La diáspora se había movilizado financieramente antes de la creación del Estado de Israel y sigue enviando regularmente su contribución. Como ejemplo, el Socorro judío consiguió a finales de los años cincuenta 520 millones de dólares.

Los Estados Unidos concedieron el primer préstamo a Israel en octubre de 1951. En 1961, este préstamo alcanzaba la suma de 365 millones de dólares, a los cuales habría que añadir los concedidos por la Banca americana por importaciones y exportaciones.

Alemania sigue pagando una indemnización al pueblo judío. Parte de este dinero son subsidios personales y el resto es una entrega global al Estado de Israel, considerado como el representante del pueblo judío. Hasta 1965, Alemania había enviado 829 millones de dólares.

– Los primeros problemas sociales

Los judíos sefardíes, llegados masivamente en los años cincuenta, no consiguieron integrarse en la sociedad y se convirtieron en un grupo socioeconómico de carácter étnico, antípodas de los askenazíes, bien instalados y poseedores de las claves económicas y políticas de la sociedad. La demografía galopante del primer grupo ha agrandado las diferencias a través de los años y, en la actualidad, Israel tiene planteado un auténtico problema étnico.

La consolidación

Si el primer decenio del Estado de Israel se dedicó a absorber los nuevos inmigrantes y a crear las estructuras de un Estado moderno capaz de integrarlos, el segundo decenio se caracterizó por la consolidación de las estructuras del nuevo Estado y por la llegada ralentizada de nuevos inmigrantes desde finales de los cincuenta (72.000 en tres años) hasta 1961.

• *La urbanización*

A finales de los años cincuenta se constató que sólo con la agricultura no era suficiente para absorber a todas las gentes que llegaban; la población estaba concentrada en el centro del país y en las zonas urbanas costeras, resultando que el 97 % de la población vivía en el 22 % del territorio y, así, en el Neguev, por ejemplo, que supone el 70 % del territorio nacional, sólo vivía el 1 % de la población.

Para acabar con este estado de cosas se construyeron nuevas ciudades. Eran colonias urbanas concebidas para acoger cada una de ellas a unos 15.000 habitantes. Al mismo tiempo, antiguas colonias se adaptaron a las nuevas necesidades. Los primeros que se instalaron en estas ciudades fueron los veteranos de Israel, los cuales respondieron a la llamada del Estado y crearon Arad, en el Neguev, y Karmiel, en Galilea.

• *Las grandes obras*

Al mismo tiempo se siguieron proyectando y realizando grandes obras públicas destinadas a adaptar mejor el país a las estructuras económicas modernas. Así, el Canal Nacional, que entró en funcionamiento en junio de 1964, fue el punto de partida de una red nacional de canales de regadío que enlazaba las distintas instalaciones regionales; llevaba el agua desde el mar de Galilea hasta el centro del país, y desde allí al Neguev.

También el gran puerto de Asdod, terminado de construir en 1965, permitió la arribada de grandes mercantes.

En Arad y en la región del mar Muerto se explotaron minas de fosfato y se instalaron industrias de transformación.

En la desembocadura del río Kison, cerca de Haifa, se construyeron unos astilleros; por último se inició la construcción de un oleoducto destinado a unir Eliat, puerto ampliado y transformado, con Ashkelon.

Pero el hito más significativo, sin lugar a dudas, fue la entrada de Israel en la era atómica. El primer reactor nuclear experimental se construyó en Nahal Soreq y entró en funcionamiento en julio de 1960. En diciembre, Israel anunció la construcción de un gran reactor atómico, con participación francesa. Por último, un centro de investigación nuclear se inauguró en 1963. Sin embargo, aunque Israel se unió al acuerdo de Moscú, ese mismo año se negó a admitir cualquier control internacional sobre sus investigaciones, afirmando que únicamente tenían fines pacíficos.

Hoy día, todo hace suponer que posee los elementos necesarios para la elaboración de armas atómicas.

Si en un primer momento los esfuerzos de estructuración y modernización dieron buenos resultados, mejorando notablemente el nivel de vida de la población, aunque creando una enorme diferencia entre los favorecidos y los desfavorecidos, las inversiones que exigieron estos grandes proyectos llevaron a un gran desequilibrio en la balanza de pagos del país, que en 1964 tenía un déficit de 572 millones de dólares. A pesar del plan económico bienal de 1966 que tendía a contener la tasa de crecimiento del nivel de vida y a relanzar la producción y la inversión, el paro afectó en 1967 a 96.000 personas, cifra muy superior a la de las épocas de las inmigraciones masivas.

De la guerra de los Seis Días a nuestros días

Los últimos treinta años han estado marcados por tres guerras importantes entre Israel y sus vecinos los árabes. La guerra de los Seis Días, en 1967, la guerra del Kippur, en 1973, y, por último, la guerra con el Líbano, desde 1982, además de escaramuzas constantes en los territorios de Gaza y Cisjordania, como la Intifada. Estas guerras, con planteamientos y consecuencias diferentes, han modificado la sociedad israelí, la han dividido en radicales, defensores de la utilización de medidas duras, y moderados, partidarios de la paz y de la negociación. Los pacifistas crecen de día en día desmarcándose de los planteamientos gubernamentales, como ocurre, por ejemplo, con el movimiento *Paz ahora (Salom Akhshav).*

Estas guerras, demasiado caras, han tenido consecuencias nefastas en la economía del país, dominada por la inflación.

● *El período entre guerras (1967-1973)*

La guerra de los Seis Días y la victoria clara de Israel sobre sus vecinos los árabes trajeron como consecuencia la ocupación de nuevos territorios tales como Cisjordania, la parte este de Jerusalén y la franja de Gaza. Más de un millón de árabes, es decir, casi un cuarto de la población, se hacinaron en campos de refugiados.

A pesar de la alegría por la victoria fácil y la conclusión de esta guerra, que muchos ansiaban desde hacía tiempo, Israel tuvo que afrontar en seguida otra división en su sociedad, acerca del futuro de estos territorios, entre los partidarios de la anexión pura y los que pedían la retirada, aunque fuera unilateral, con el fin de que esos árabes no se convirtieran en un auténtico problema para el futuro del país.

El gobierno se declaró partidario, por el momento, del mantenimiento provisional de dichos territorios, de cara a negociaciones futuras. Por tanto, el mismo gobierno adoptó oficialmente el plan de Ygal Allon que preconizaba asentamientos de judíos en los territorios ocupados.

Este período posbélico se caracterizó también por las inversiones y por unas perspectivas optimistas sobre el futuro, pues el relanzamiento de la economía, en especial de la industria, absorbió el paro. A pesar de todo, las capas más desfavorecidas no mejoraron su nivel de vida. Y fue precisamente en estas capas, sobre todo en la segunda generación de sefardíes, a los que no había llegado la recuperación económica, donde surgió el movimiento *Panteras Negras,* cuyo objetivo era el robo, incluso el pillaje, a los más ricos para entregar lo obtenido a los más necesitados.

Finalmente, la resolución 242 del Consejo de Seguridad de la ONU, votado el 22 de noviembre de 1967, que buscaba una solución justa que hiciese abandonar a Israel los territorios ocupados y que acabara con la guerra en la región, se quedó en letra muerta a causa de la intransigencia de unos y otros.

● *De 1974 a nuestros días*

La posguerra de los Seis Días fue eufórica, pues la victoria clara y precisa de Israel relanzó las inversiones en un ambiente optimista; pero el final de la guerra del Kipur fue lento y tuvo unos efectos nefastos sobre la economía, la sociedad y la vida política.

Y es que, aunque Israel no perdió la guerra de 1973, sí mostró, por primera vez desde su independencia, que era vulnerable en el plano militar por el agujero que Egipto le había abierto en el Sinaí, pero, fundamentalmente, en los planos económico e internacional. El bloque petrolero controlado por los países árabes se mostró como un medio de presión eficaz sobre los demás estados y sobre la opinión pública occidental, obligando a moderar su apoyo a Israel y a presionarlo económicamente. Cada vez más, el mismo Israel, por el efecto bumerán, padeció en su economía las nuevas medidas energéticas.

● *Las nuevas medidas*

– *Políticas*

La guerra del Kipur introdujo cambios políticos importantes en la sociedad israelí. Así, la comisión encargada de investigar las causas de esta guerra y del avance egipcio halló responsables sólo a los militares y no hizo ninguna referencia a los políticos. Este informe no convenció a la población, que en las siguientes elecciones, por primera vez en medio siglo, llevó al poder al *Likud,* en detrimento del partido socialista. Incluso hubo una crisis ministerial que se saldó con la dimisión de una figura histórica de la política israelí, Golda Meir, que fue reemplazada por Isaac Rabin.

En las elecciones legislativas de mayo de 1977, el *Likud* se impuso con claridad como el partido más fuerte del país; su dirigente, Menájem Beguin, fue nombrado primer ministro y comenzó una nueva política económica, mucho más liberal que la de sus predecesores.

– *Económicas*

Además de las caídas económicas como resultado de las nuevas medidas petroleras, la economía israelí pagó un precio enorme por la última guerra: un año de su PIB y la necesidad de gigantescas importaciones de armas para salir del trauma que le había producido la constatación de la vulnerabilidad del

EL JUDAÍSMO

país. Esto trajo consigo un claro desequilibrio en la balanza de pagos, que paralizó el crecimiento y disparó la inflación.

El gobierno de Begin, salido de la nueva mayoría, tuvo, pues, que dedicarse a reestructurar la economía al modo liberal, limitando la intervención del Estado en todos los terrenos. Pero el déficit presupuestario siguió e incluso se agravó, y la inflación creció hasta tal punto que hubo que establecer una escala móvil de precios y salarios, marcados por tasas variables. En octubre de 1980, una nueva moneda, el *sekel*, reemplazó a la antigua libra israelí; pero tampoco fue la solución.

A pesar de todo, la economía siguió funcionando; se optó por nuevas orientaciones industriales (fabricación y exportación de armas modernas, electrónica, informática) y agrícolas (que hicieron decir que Israel se había convertido en el invernadero de Europa) y se firmaron numerosos tratados comerciales con la CE y con los Estados Unidos.

– *Sociales*

Las dos guerras, la del Kipur y la del Líbano, exacerbaron las tensiones sociales. Los conflictos se manifestaron en muchos niveles: entre sefardíes —cada vez más numerosos— y askenazíes —tanto laicos como religiosos, de izquierdas o de derechas— y entre partidarios de medidas duras y pacifistas. El movimiento pacifista *Paz ahora* ya había adquirido una gran importancia durante la sangrienta guerra del Líbano; muchos israelíes reprochaban al gobierno el mantenimiento de una guerra relativamente lejana que no amenazaba directamente la seguridad del Estado, argumento que había hecho aceptables todas las guerras anteriores ante la opinión pública. Para colmo, las matanzas de Sabra y Chatila en Beirut, que, al parecer, se cometieron con el beneplácito de *Tsahal* y de algunos jefes políticos, provocaron una crisis de conciencia en los intelectuales israelíes. El malestar era tal que muchos jóvenes se revelaron contra algo que hasta entonces se había considerado como un principio incuestionable: un servicio militar obligatorio que lo consideraban demasiado largo y una política que juzgaban demasiado militarista.

• *Actualmente*

En estos últimos años han aparecido, tanto en el plano interno como internacional, muchos factores políticos, económicos y sociales que hacen que, sin duda, Israel se encuentre en un momento crucial de su historia.

– *La Intifada y el mundo árabe*

La Intifada —ataques a pedradas de palestinos contra soldados israelíes— es, sin lugar a dudas, el acontecimiento más importante de los últimos años. Surgió en los territorios ocupados de Gaza y Cisjordania, provocada por las condiciones de precariedad extrema en la que se encontraban (y se encuentran) sus habitantes, que viven en la pobreza y con un futuro incierto; la alta demografía de los barrios árabes, en unas ciudades que también se enfrentaron con el ejército, planteó claramente que no era sólo el problema de los territorios ocupados sino que había llegado la hora de enfrentarse de una vez por todas con el auténtico problema: la necesidad de conseguir, al menos, una coexistencia pacífica entre Israel y el mundo árabe.

El plan de paz firmado en Washington entre Israel y la Organización para la Liberación de Palestina, en septiembre de 1993, no trajo euforia en las zonas ocupadas sino que provocó una reacción contraria al acuer-

LA HISTORIA

do firmado y una división más clara entre la política de la OLP, representada por Arafat, y los sectores palestinos que se sienten constantemente defraudados desde hace años por la política del en otro tiempo carismático líder. Una Intifada dentro de la Intifada, más virulenta si cabe, estalló poniendo de manifiesto que la situación es muy grave, que los territorios ocupados son un polvorín y que si no se llega a una paz consensuada, concretamente Gaza —una población de 4.000 israelíes y 800.000 palestinos— puede convertirse en un mini Líbano, con una guerra de todos contra todos que difícilmente se podrá parar.

En estos momentos, una política de paz aislada con uno u otro país árabe se ve como superada, a pesar del éxito más bien silenciado del acuerdo de Camp David con Egipto.

Más que nunca se siente la necesidad de un plan de paz global que conduzca, por lo menos, a una coexistencia pacífica entre los países de la región; la coyuntura internacional apuesta por ello.

- La coyuntura internacional
Una vez superado el enfrentamiento entre los Estados Unidos y la antigua Unión Soviética, la relación de fuerzas de las dos grandes potencias y sus zonas de influencia han variado también. Estados Unidos, desde Camp David, era partidario de acuerdos parciales de paz con países árabes, ya que en algunos de ellos, como en Arabia Saudí o Jordania, posee intereses de primer orden. La guerra del Golfo y el aumento de los integrismos árabes han sacado a la luz un nuevo foco de conflicto internacional. En esta coyuntura Estados Unidos, que ya no ve a Israel como aliado estratégico en la zona, pues la amenaza que veía *roja* ahora se le ha convertido en *verde*, y la comunidad internacional no integrista desean una paz global y rápida en Oriente Próximo, con el fin de frenar el crecimiento de organizaciones, grupos, partidos de esta ideología que, defraudados por el retraso de la llegada de la paz, se muestran cada día más activos.

La opinión pública israelí —como ya se ha visto más arriba— también se encuentra dividida, y lo mismo le sucede a la comunidad judía internacional.

- Los problemas internos
El mayor problema de política interna que tiene planteado Israel es su sistema legislativo proporcional, que hace muy difícil que un partido pueda conseguir la mayoría absoluta en el *Knesset;* por tanto, el partido mayoritario, para formar gobierno, tiene que aliarse con otros partidos que exigen contrapartidas, y las consecuencias son gobiernos inestables. Después de muchos años de coalición entre los dos partidos más importantes, el *Likud* y el laborista, incapaces de ponerse de acuerdo sobre un programa político común, en el año 1987, el *Likud,* como partido más votado, se coaligó con partidos de la extrema derecha y religiosos, formando el gobierno más radical de la historia de Israel, exacerbando los conflictos y los enfrentamientos entre la izquierda y la derecha.

Pero, además, las tensiones entre askenazíes y sefardíes se agudizaron, ya que estos últimos eran mayoría y por primera vez accedieron a puestos claves en el Estado.

Estos factores determinaron que el conflicto interno entre los partidarios de la paz con palestinos y los belicistas conociera su momento más crítico.

Con una inflación sin estabilizar, unos gastos militares que se comían la economía nacional,

41

EL JUDAÍSMO

la llegada de inmigrantes de la Europa oriental y de la antigua Unión Soviética, Estados Unidos presionó al gobierno israelí condicionándole una ayuda de 10.000 millones de dólares a que interrumpiera sus asentamientos en los territorios ocupados. Consecuencia de esta política fue la primera Conferencia de Paz sobre el Próximo Oriente, celebrada en Madrid el 30 de octubre de 1991, y que sentó en la misma mesa, moderada por el secretario de Estado norteamericano, James Baker, al primer ministro israelí, Shamir, con representantes de la OLP y presidentes de los estados árabes de la zona.

El gobierno de Shamir no se mostró muy colaborador y siguió con la política de asentamientos, y así se llegó a las elecciones de 1992 en las que el partido laborista se alzó con la victoria, aliándose con el *Meretz* —izquierda sionista— y otros partidos de izquierda para formar gobierno, y el *Likud* pasó a la oposición. Con los socialistas en el gobierno parecía que el camino para la paz se facilitaba; pero llegó el 13 de diciembre de 1993, fecha en la que se había acordado el comienzo del abandono del ejército israelí de Gaza y Cisjordania, y éste no se produjo.

Se sigue conversando y posponiendo los plazos y, mientras, a la segunda Intifada se han sumado los enfrentamientos entre colonos judíos de territorios ocupados que no quieren abandonar el territorio contra palestinos, por un lado, y el ejército israelí, por otro.

– *Autonomía de Gaza y Cisjordania*

Los acuerdos de Washington de 1993 propiciaban la autonomía de Gaza y Cisjordania pero no complacían enteramente a ninguna de las partes. Para la derecha israelí es el principio del desmoronamiento del Estado de Israel, y para los grupos extremistas palestinos como Hamás es una traición de Arafat para la causa palestina por haber firmado unos acuerdos en los que ni se exigía la capitalidad de Jerusalén ni la destrucción del Estado de Israel. Protestas, enfrentamientos y atentados se sucedieron e impidieron que se llevaran a la práctica en la fecha fijada del 1 de enero de 1994.

La paz parecía cada vez estar más lejana; pero tanto los Estados Unidos como la Unión Europea presionaron económicamente para que se llegara a una solución y, por fin, el 5 de mayo de 1994, la OLP y el gobierno laborista de Rabin firmaron en El Cairo el acuerdo que declaraba a Gaza y Cisjordania territorios autónomos palestinos, con la capital en Jericó, y que tras un período de transición se celebrarían elecciones para formar un parlamento palestino que diera forma al Estado independiente de Palestina.

Al día siguiente los colonos comenzaron a evacuar la zona; muchos llevaban viviendo allí más de treinta años. Pero los problemas no se acabaron. El 2 de julio de 1994, Arafat, como presidente de Palestina, llegó a Gaza, y tres días después se estableció el primer gobierno provisional palestino en Jericó. Se encontró con uno de los países más pobres del mundo, con una oposición palestina que le consideraba un traidor y con grupos liberales y pacifistas judíos que le dieron la bienvenida. Pero todavía no se ha firmado una paz total entre Palestina e Israel: Jerusalén sigue siendo el escollo más importante.

– *La inmigración soviética*

Cuando Gorbachov autorizó a los judíos soviéticos que lo desearan abandonar la Unión Soviética, fueron muchísimos los que se dirigieron a Israel, pudiéndose hablar de una nueva *alyah* que no se producía desde la creación del Estado de Israel.

Esta inmigración masiva fue una carga pesada para la debilitada economía israelí, pero en contrapartida restableció la demografía entre árabes y judíos a la de la época mágica de la creación del Estado, provocando un reagrupamiento de rangos en torno al poder.

El gobierno contemporizó con los inmigrantes y esperó a que se estabilizara la población, pensando que, tal vez, gracias a la nueva situación creada en los países del este de Europa, se consiguiera un reglamento global favorable al conflicto entre Israel y los países árabes, y aprovechó la llegada de esta población para aumentar y justificar su política de asentamientos.

Casi 700.000 personas han llegado en los últimos cinco años, aunque a partir de 1991 la curva inmigratoria va decreciendo. Se ha pasado de 3,9 millones de habitantes en 1980 a 5,2 en 1992, y la densidad, en el mismo período, de 190,4 a 245 hab/km². Una cantidad de gente así no puede ser asimilada fácilmente por una comunidad, y mucho menos si se trata de la conflictiva israelí. El paro y la falta de alojamientos son las causas que justifican el descenso de la inmigración.

Israel y los países árabes

El fin de la guerra de «independencia», en 1948, y el armisticio que la siguió no llevaron la paz a la región. Entre Israel y los países árabes, los más de cuarenta años siguientes han estado marcados por el signo de la guerra y, cuando ésta no se producía abiertamente, tomaba forma de hostigamiento continuo, político, psicológico, terrorista o mediador. Lo que desde el primer momento ha estado en juego ha sido, evidentemente, la hegemonía en la antigua Palestina colonial. Después vendrían los territorios ocupados y, más tarde, otras conquistas que pudieran utilizarse en eventuales negociaciones de paz.

Cuando terminó la guerra de 1948, 700.000 refugiados árabes tuvieron que abandonar su hogar. La mayor parte permaneció en los límites del territorio de la antigua Palestina, en Gaza (200.000), en Cisjordania (200.000) y en Transjordania (100.000). Los demás se dividieron entre el Líbano (que se llevó la parte del león) y Siria. Israel sólo aceptó el regreso de unos 40.000.

Estos nuevos apátridas, esparcidos en muchos países, confinados en campos de miseria, bajo el control de la ONU, se convirtieron en una plaga permanente, caldo de cultivo de todos los nacionalismos árabes cuya meta es la creación de una sola nación, y su punto de unión la «liberación de Palestina»; en estos territorios surgió la OLP (Organización para la Liberación de Palestina).

Para todos los países de la zona, Israel es una amenaza permanente, y nadie puede afirmar que las fronteras del nuevo Estado no llegarán a ser las que tuvo en la Antigüedad.

Con el fin de poder afrontar cualquier peligro, Israel estructuró el nuevo Estado sobre la base de un ejército fuerte y privilegiando su política de defensa.

Al no disponer de un gran contingente humano, el gobierno, más que formar un ejército profesional numeroso, apostó por un ejército popular en torno a un núcleo de soldados profesionales. Y así nació el *Tsahal*. Se adoptó la ley del servicio militar obligatorio para hombres y mujeres, de una duración de dos o tres años, del que están exentos los árabes. Al finalizar el servicio militar, cada soldado es asignado a una unidad de reserva que puede ser movilizada en cualquier momento. Mientras se está en edad militar, los reservistas reciben una formación permanente, convocándolos con mucha frecuencia para mantenerlos en forma y ponerlos al corriente de los avances tecnológicos.

Nuevamente por el problema de los limitados medios humanos, se orientó hacia un armamento de tecnología moderna y de producción nacional, con el fin de asegurarse la independencia militar y política del país. Francia contribuyó de una manera importante a la elaboración de esta industria. Gracias a estas ayudas militares, el nuevo Estado pudo permitirse enfocar sus relaciones con los vecinos hostiles de una manera intransigente.

● *Bajo la era Nasser*
Gamal Abdel Nasser, gran nacionalista árabe, héroe de la independencia y de la revolución popular egipcia, se fijó como objetivo la unificación del mundo árabe bajo la bandera laica del socialismo progresista, con el fin de devolver a los árabes el orgullo perdido y llevar a cabo la revolución contra el imperialismo occidental del que el Estado de Israel, según él, sólo era una de sus múltiples manifestaciones.

● *La crisis de Suez y la guerra del Sinaí*
En julio de 1956, descontento por la negativa de los Estados Unidos de financiar la construcción de la presa de Assuán, Nasser nacionalizó el canal de Suez, propiedad de compañías privadas occidentales. La respuesta de Occidente no se hizo esperar, y británicos y franceses prepararon una operación militar a la cual decidió unirse Israel.

El 29 de octubre de 1956, Israel atacó Egipto en el Sinaí. Con el pretexto de separar a los beligerantes, Francia y Gran Bretaña intervinieron destruyendo la aviación egipcia y después a los paracaidistas en Port Said. Pero las presiones de la Unión Soviética y de los Estados Unidos les obligaron a retirarse. Israel tuvo que abandonar el Sinaí y la franja de Gaza, pero consiguió la garantía del derecho de navegación por el estrecho de Tirán y la instalación de las fuerzas de la ONU en Sham aš Šayt, en la frontera con Egipto. Nasser acababa de señalar los puntos conflictivos en la lucha por la unidad árabe.

Durante el período que va desde la guerra del Sinaí hasta 1967, Israel siguió modernizando su armamento con ayudas de Francia y Alemania, y desarrollando su industria militar —el primer avión de combate que fabricó tenía patente francesa.

● *La guerra de los Seis Días (1967)*
La revolución promovida por Nasser empezó a dar sus frutos: en Irak, la dinastía hasemita, prooccidental, fue barrida por una revolución baasista, laica y nacionalista árabe; la dinastía de Jordania se tambaleó; el Líbano sufrió una convulsión que sólo concluyó con el desembarco de los marines americanos, y, sobre todo, Egipto y Siria se unieron, dando lugar al nacimiento de la República Árabe Unida que desapareció, en 1961, por un golpe de Estado en Siria.

En 1964, una cumbre árabe reunida en El Cairo aprobó el desvío de dos fuentes del Jordán en Siria y en el Líbano para impedir que Israel realizara su plan de regadíos. Fue aquí donde nació la Organización para la Liberación de Palestina y dio una nueva dimensión al conflicto árabe-israelí. Su primera operación, dirigida por *al Fatah,* tuvo como blanco la conducción nacional del agua.

LA HISTORIA

En la primavera de 1967, los acontecimientos se precipitaron, en el sentido de que hubo una escalada militar, como resultado lógico de las tensiones acumuladas durante casi un decenio.

En abril de 1967, un incidente fronterizo entre israelíes y sirios acabó en una batalla aérea en el transcurso de la cual Siria perdió seis aparatos.

El 15 de mayo, Nasser desplegó su ejército en el Sinaí y pidió la retirada de los cascos azules. El 22 de mayo se cerró el estrecho de Tirán. El 30 de mayo, el rey Hussein de Jordania firmó un pacto de defensa con Egipto y después con Irak.

En Israel, donde se había movilizado a los reservistas, se formó el 1 de junio un gobierno de Unión Nacional dirigido por Leví Eškol.

Al no haberse reabierto el estrecho de Tirán, Israel lanzó su aviación, el alba del 5 de junio, contra los aeródromos militares árabes, destruyendo su aviación antes de que las tropas israelíes atacaran Gaza y el Sinaí. Esta guerra, que apenas duró seis días, proporcionó una victoria total al ejército israelí en los tres frentes. El potencial militar de Egipto, Siria y Jordania fue destruido. Gaza, el Sinaí, Cisjordania y los altos del Golam fueron ocupados. La confianza y el optimismo se extendió por todo el país y parecía que definitivamente el territorio central estaba protegido de cualquier amenaza. Esta tremenda derrota costó muy cara a los árabes y en especial a Nasser, el cual, aunque se mantuvo en el poder, no se repuso jamás de ella, y en ese estado le llegó la muerte en 1970.

Ni guerra ni paz

El período que va desde la guerra de los Seis Días hasta la del Kipur se caracteriza por una guerra de desgaste entre Israel y sus vecinos y por las acciones de los comandos de *al Fatah* de la OLP.

En efecto, tras la guerra hubo que esperar tres años hasta que se produjera el alto el fuego firmado con Egipto; tres años llenos de incidentes militares más o menos graves cuyo motivo siempre era la presencia israelí en el canal de Suez. Este período estuvo marcado también por la intensificación de la ayuda soviética a Egipto, cifrada, por ejemplo, en el envío de quince mil consejeros.

Paralelamente, *al Fatah*, replegado en Jordania, multiplicaba sus acciones contra Israel: operaciones que venían seguidas de las correspondientes represalias israelíes, lo que llevó al rey de Jordania, en septiembre de 1970 (Septiembre Negro), a expulsar a la OLP de su territorio tras una sangrienta batalla. *Al Fatah* trasladó su comandancia al Líbano y desde allí continuó sus operaciones. De nuevo las represalias no se hicieron esperar: cada vez con más frecuencia el ejército israelí penetraba en territorio libanés para realizar expediciones punitivas.

Pero al *Fatah* comenzó a atacar los intereses israelíes en todo el mundo, siendo el acto más espectacular el asesinato de los atletas israelíes en los Juegos Olímpicos de Múnich.

Sin embargo, éste es un periodo que, visto en su conjunto, se vivió con gran optimismo en Israel debido al convencimiento que se tenía de la superioridad del *Tsahal* sobre cualquiera de los ejércitos árabes.

• La guerra del Kipur (1973)

Anuar el Sadat, el nuevo presidente de Egipto, se lanzó a otra guerra, pues era el único medio que veía para salir del callejón sin salida en que se encontraba la situación política. Las tropas egipcias cogieron desprevenidos al ejército y a la población is-

EL JUDAÍSMO

raelí, pues el ataque se realizó el día de la fiesta del Kipur y en el frente sólo había una mínima guarnición. Así pues, el 6 de octubre el ejército árabe atacó en dos frentes, el sirio y el egipcio, desbordando con gran facilidad a las fuerzas que defendían las plazas. El avance egipcio sólo se detuvo por un contraataque israelí la noche del 15 al 16 de octubre, que permitió a los paracaidistas y a los carros de combate atravesar el canal de Suez.

El conflicto se fue haciendo cada vez más grave porque las dos grandes potencias del momento se encontraban involucradas en los frentes opuestos. Los riesgos de una conflagración generalizada condujeron a un acuerdo de alto el fuego el 24 de octubre.

• ***Anuar el Sadat***

Anuar el Sadat sucedió a Nasser como presidente de Egipto. Menos carismático pero más político que su predecesor, comprendió en seguida que para desbloquear la situación política en que se encontraba esta región del mundo tenía, ante todo, que sacar a los árabes de la lógica de la derrota en la que habían caído desde la creación del Estado de Israel. Así pues, comenzó por darles los medios militares que les permitieran ganar claramente una guerra y pidió más ayuda soviética para su país. En 1973, el ejército egipcio, que había sido desmantelado en 1967, tenía de nuevo un potencial militar equivalente al de Israel. Por tanto, cuando lanzó su ataque contra el Estado hebreo, consiguió sorprender a su enemigo por vez primera. Aunque la guerra del Kipur no dio una victoria rotunda al ejército árabe, sus consecuencias tuvieron amplias repercusiones: en el plano internacional se ganó en credibilidad; Israel ya nunca volvió a considerarse un Estado invencible como le pareció serlo tras la victoria de la guerra de los Seis Días, y los árabes recuperaron la confianza en sí mismos.

Sadat, al que nadie regateaba el título de adalid del arabismo, pudo permitirse cambiar su política belicista por una política de paz.

Empezó por distanciarse de Moscú y aproximarse a los Estados Unidos.

De tal manera que el 9 de noviembre de 1977 osó romper los tabúes de la política árabe tradicional en la zona al anunciar en el Parlamento egipcio su deseo de acudir al *Knesset* en Jerusalén para poner fin a la guerra que sostenían ambos países.

El 19 de noviembre, invitado por el primer ministro israelí, Menájem Beguin, fue efectivamente al *Knesset* y propuso el establecimiento de relaciones cordiales entre ambos países. A cambio, Israel tenía que retirarse del Sinaí y comprometerse a resolver el problema palestino.

Era la primera vez que la política de paz separada auspiciada por Israel desde hacía muchos años obtenía resultados positivos.

Las negociaciones entre ambos países, llevadas a cabo bajo la égida de los Estados Unidos, concluyeron en un tratado de paz, firmado en Camp David, en los Estados Unidos. En febrero de 1980, una representación diplomática israelí se abrió en Egipto, y viceversa.

Sadat se mantuvo firme en su política, a pesar de las presiones a las que le sometieron los otros países árabes que rompieron sus relaciones diplomáticas con Egipto y lo expulsaron de la Liga Árabe.

Cuando fue asesinado, en 1981, por el grupo integrista islámico *Los Hermanos Musulmanes*, muchos creyeron que esta paz no se mantendría.

Pero su sucesor, Hosni Mubarak, siguió con la misma po-

LA HISTORIA

lítica y consiguió que Egipto fuera admitido de nuevo en la Liga Árabe, restableciéndose los acuerdos que habían quedado congelados (los económicos esencialmente). Una vez que quedó demostrado, por el tratado con Egipto, que la política de paz separada no era una quimera, Israel apostó más en esta dirección, viendo en el Líbano su segundo socio.

● *El problema libanés*

Si en los años setenta Egipto era el país árabe con mayor poderío militar de entre los enemigos de Israel, el Líbano era, seguramente, el más débil. Así, cuando *al Fatah*, de Yasir Arafat, fue expulsado de Cisjordania tras la guerra de los Seis Días y, después, también de Jordania tras el Septiembre Negro, se instaló en el Líbano para seguir con sus operaciones de comandos contra Israel; se encontró allí con las manos libres y un poder central prácticamente incapaz de oponerse a su política. La situación se agravó por las operaciones de castigo que el *Tsahal* dirigió contra el alto mando de la OLP en el sur del Líbano y en Beirut. Entonces, con el pretexto de que el Estado libanés era incapaz de defenderse de estas agresiones, los palestinos asumieron su propia defensa, creando un verdadero Estado dentro del Estado.

Cuando estalló la guerra en el Líbano, Israel intentó rápidamente aliarse con las milicias antipalestinas del sur del Líbano y también de Beirut.

En marzo de 1978, tras un atentado palestino contra un autobús en la carretera de Haifa a Tel Aviv, el *Tsahal* lanzó contra el Líbano la operación Litani, que le permitió ocupar y controlar una gran zona del sur del país. A partir de ese momento, Israel situó allí su milicia local, dirigida por Saad Hadad, para asegurarse una zona de seguridad hasta la frontera del Norte.

Una vez que se reinstalaron los palestinos por encima de la línea Litani, siguieron con sus acciones contra Israel y, sobre todo, contra sus intereses en el mundo.

El 4 de junio de 1982, el grupo de Abú Nidal atacó al embajador de Israel en el Reino Unido. Con este pretexto, Israel, que era aliada de la falange libanesa más importante, dirigida por Bechir Gemayel, inició la operación *Paz en Galilea*, que consistió en que el *Tsahal* llegó hasta las puertas de Beirut asediando la ciudad durante muchos días, hasta que se evacuó a la OLP. Era la primera vez en su historia que Israel tomaba una capital árabe.

Su principal aliado acababa de ser elegido presidente del Líbano, por lo que la operación *Paz en Galilea* parecía ser todo un éxito. Pero el asesinato, en circunstancias oscuras, de Bechir Gemayel en septiembre de 1982 puso en cuestión toda la estrategia, ya que el nuevo presidente, Amín Gemayel, hermano del anterior, no era tan proclive a la paz con Israel.

Así pues, en mayo de 1983, aunque se llegó a un acuerdo entre ambos países que debería conducir a la paz, el tratado nació muerto por las presiones de las distintas milicias libanesas y de Siria.

A partir de este momento, y con la opinión israelí contraria al mantenimiento de esta guerra sangrienta e inútil, a Israel no le quedará más remedio que abandonar lo más rápidamente posible el polvorín libanés, pero tratando de conservar algunas de las ventajas conseguidas con la operación *Paz en Galilea*. La guerra civil libanesa explotó en toda su dureza y la política interna cada vez se ha ido degradando más. La crisis económica y social es muy grave y los distintos gobiernos han sido incapaces de resolver ningún problema. En esta situación explosiva, la escalada de violencia también afecta al sur del país.

El *Tsahal* sigue en el sur del Líbano, ya que los enfrentamientos son constantes. El enemigo principal de Israel en estos momentos no es ni la OLP ni otras organizaciones palestinas sino el *Hezbolá* (milicia chií integrista proiraní). Este grupo fue contrario a la conferencia de paz de Madrid y a los acuerdos de septiembre de 1992 entre Israel y los países árabes, ya que lo que propugnan es la desaparición del Estado de Israel. El asesinato del jefe del *Hezbolá*, el jeque Abás Mušaui, y su familia durante una expedición israelí de castigo en 1992 hizo temer que pudiera surgir un enfrentamiento abierto entre Siria e Israel.

2. La diáspora

A partir de la creación del Estado de Israel, la historia del judaísmo se escribirá, paralelamente, en la tierra prometida, Israel, y en la diáspora.

Son muchos los judíos que a pesar de la existencia de un Estado hebreo han optado por seguir viviendo en los países que los acogieron en su momento y que consideran como propios.

En nuestro vuelo de pájaro por la diáspora nos detendremos sólo en tres países: Estados Unidos, por poseer la colonia judía más importante e influyente del mundo; la antigua Unión Soviética, porque hasta hace unos años era la segunda comunidad judía —fuera de Israel— más numerosa y puede que aún lo sea, y España, para conocer así la situación de esta comunidad en nuestro país.

Las comunidades de la diáspora, y aun apoyando al Estado de Israel (sobre todo la americana), a menudo, cuando les ha sido posible —y casi nunca lo ha sido en el caso de la URSS—, se han esforzado en defender la posibilidad de vivir un judaísmo diferente que pueda compaginar el hecho de ser judío con el rechazo a regresar a la tierra prometida, que, como se verá más adelante, es uno de los fundamentos de esta religión. Así, la comunidad judía americana trata de adaptar las enseñanzas de su fe a la sociedad moderna.

Estados Unidos

La comunidad judía americana está formada por cerca de 5.500.000 miembros y es la más numerosa del mundo, por encima, incluso, de la del Estado de Israel. En su mayor parte procede de comunidades judías emigradas de la Europa del Este entre 1881 y 1924. No sólo está bien integrada en la vida económica (los judíos procedentes de la Europa del Este fueron los que fundaron los primeros sindicatos americanos) y social del país, sino que además tiene una gran influencia en los distintos gobiernos que dirigen el país más poderoso del planeta.

Por supuesto que esta integración se ha producido en detrimento de la estricta observancia religiosa; pero al sentir la necesidad de adaptarse a las condiciones de vida moderna, la comunidad se ha dinamizado, transformándose en un terreno abonado y favorable del que han brotado nuevas corrientes en el judaísmo.

Así pues, los judíos americanos, desgarrados entre su medio social y la comunidad judía internacional, se dividen en muchas corrientes que van desde la observancia más absoluta hasta el desinterés total. Entre estos dos extremos que representan el 25 % de la comunidad total destacan tres vías: los reformistas (33 %), los conservadores (42 %)

LA HISTORIA

y los ortodoxos (11 %); por último, hay un grupo pequeño que se reconoce como reconstruccionista.

• *Los reformistas*
La Reforma surgió en Hamburgo a principios del siglo XIX y fue importada a Estados Unidos por los judíos procedentes de Alemania.

Hoy día está ampliamente extendida en este país. Se caracteriza por un liberalismo muy radical; ya en el Congreso de Pittsburgh, en 1885, anunció no reconocer nada más que las leyes éticas de la Torá, rechazando las leyes relativas a la pureza física porque impedían «el regocijo espiritual del individuo en el mundo moderno» y, además, se definió sobre el hecho de ser judío, que «es pertenecer a una comunidad religiosa y no a un pueblo».

Más tarde hubo una reacción dentro de la misma corriente, y un grupo reprochó a los demás miembros que estaban yendo demasiado lejos. Y es que no sólo se cuestionaban los ritos tradicionales religiosos sino también el hebreo; este grupo crítico dio su apoyo total al sionismo, que entonces se encontraba en pleno desarrollo.

Tras la segunda guerra mundial surgió otra nueva subcorriente, para la cual el judaísmo sólo es una civilización que vive al día y no tiene por qué propagarse demasiado: es el reconstruccionismo.

• *Los conservadores*
Como la Reforma, el movimiento conservador nació en Alemania, en el siglo XIX, antes de llegar y extenderse rápidamente por los Estados Unidos. Esta corriente pone el acento en el carácter evolutivo del judaísmo: «Hay que separar en su historia lo esencial intangible de lo circunstancial»; esta separación sólo la pueden establecer los rabinos, siguiendo las enseñanzas del Talmud.

Como las tentativas de acercamiento con los reformistas, primero, y con los ortodoxos, después, habían fracasado, el «Judaísmo Conservador» redactó, en 1913, su propio estatuto, según el cual es la Asamblea de rabinos la que se encarga de tomar todas las decisiones religiosas. Y éstos autorizan el uso de la energía eléctrica los días de Sabat y también de los coches para ir a las sinagogas; la Asamblea reformó las leyes sobre el matrimonio y el divorcio.

Actualmente hay más de seiscientas sinagogas conservadoras en los Estados Unidos.

Antigua Unión Soviética

Después de la segunda guerra mundial había dos millones de judíos en la antigua Unión Soviética, es decir, era la segunda comunidad judía, sin contar a Israel. Si se añaden los que vivían en los países del este de Europa la cifra aumentaría a tres millones; después se estabilizaría en unos dos millones.

El poder comunista, que había sido favorable al pueblo judío durante la guerra, después de la creación del Estado de Israel, es decir, a partir de 1948, llevó a cabo una política implacable de represión contra la cultura yídica, en nombre de la lucha contra la religión. Esta represión se suavizó tras la muerte de Stalin, en 1957.

A finales de los años sesenta, gracias a una campaña organizada internacionalmente, el gobierno soviético se vio obligado a autorizar la emigración judía. Así, desde 1970 a 1981, 246.000 judíos emigraron a Israel y 160.000 a los Estados Unidos.

Pero con el resurgimiento de la tensión entre el Este y el Oeste, con motivo de la invasión soviética de Afganistán, la emigración fue prohibida de nuevo (800 en 1984); volvió a retomarse masivamente a partir de 1987 bajo impulso de Gorbachov, y ésta se dirigió exclusivamente a Israel.

Sin embargo, a pesar de estas gigantescas oleadas que parecen no terminar nunca, queda aún un gran número de judíos en la antigua URSS y en otros países del Este, que suelen estar concentrados en las ciudades. Aunque es verdad que las condiciones de vida de los judíos han mejorado sensiblemente en estos países, también es de temer que la debilidad de los gobiernos centrales dé rienda suelta de nuevo al antisemitismo.

Por tanto, el futuro de los judíos en la antigua Unión Soviética y en otros países del este de Europa todavía es incierto.

España

La Federación de Comunidades Israelíes de España cuenta en la actualidad con unos 13.500 miembros. Todas las comunidades se declaran ortodoxas, lo cual no quita para que algunos de sus miembros manifiesten otras prácticas.

Tras las expulsiones y exilios, los hispanojudíos que siguieron viviendo en España lo hicieron en un régimen de semiclandestinidad, ya que más que tolerados puede afirmarse que eran ignorados.

La situación de esta comunidad en los últimos cincuenta años ha estado muy ligada a la política exterior de España y a las repercusiones internacionales de los acontecimientos que sucedían en el Estado de Israel.

Durante la segunda guerra mundial muchos judíos europeos que huían de la persecución nazi utilizaron España como trampolín para pasar a Marruecos y, sobre todo, a América. El régimen franquista los consideraba turistas o viajeros en tránsito, negándoles el estatuto de refugiados, ya que, por un lado, mantenía alianzas con la Alemania de Hitler, pero, por otro, había adquirido compromisos con el banquero judío mallorquín Juan March, que apoyó económicamente la sublevación del 18 de julio de 1936 contra la República.

Acabada la segunda guerra mundial, España fue expulsada de las Naciones Unidas y se reconoció el Estado de Israel. Para recuperar su reconocimiento internacional, la política exterior de Franco optó por acercarse a los países árabes, ya que suponían unos veinte votos, más sus influencias, en la Asamblea de las Naciones Unidas; para ello no reconoció la existencia del nuevo Estado, ni se autorizó la inscripción de la comunidad israelí de España como asociación civil en el Ministerio de la Gobernación (hoy de Interior).

En el año 1961, por Pascua, Televisión Española emitió unos programas netamente antisemitas. Un grupo de cristianos protestaron por temor a que se convirtiera en algo más y se reunieron con judíos para luchar conjuntamente contra cualquier brote de intolerancia, y así nació la asociación *Amistad Judeocristiana*, que ha contribuido mucho a la difusión y aceptación de la cultura judía.

En esta situación se llegó a la guerra de los Seis Días en 1967. España tenía como mejor aliado exterior a los Estados Unidos, aunque seguía manteniendo su política proarabista; así, hizo declaraciones públicas contra Israel pero salvó a los judíos de Egipto, concediéndoles pasaportes españoles y transportándolos a Barcelona.

Ese mismo año se promulgó la Ley de Libertad Religiosa, el primer cauce legal, aunque con muchas cortapisas, para que las entidades no católicas pudieran realizar actividades públicas y autorizadas. Se legalizó la Comunidad Israelí de Madrid

(CIM), de la cual podía ser miembro «todo judío residente en Madrid». En el año 1968 se inauguró la sinagoga de Madrid.

Con la llegada de la democracia, se elaboró la Ley de Libertad Religiosa, aprobada en 1982, que recoge que las confesiones que gocen de «notorio arraigo en el territorio español» pueden suscribir acuerdos de cooperación con el Estado, lo que no planteó ningún problema para la confesión judía. De esta ley surgió la Federación de Comunidades Israelíes.

Mayor dificultad planteó el reconocimiento del Estado de Israel. Los gobiernos de Unión de Centro Democrático consideraban que no era conveniente, dada la situación económica española, pues se dependía de los petrodólares y éstos eran árabes. Además, la guerra del Líbano había estallado y no parecía un momento muy propicio. Los primeros años de la política exterior del Partido Socialista Obrero Español estuvieron muy próximos a los movimientos de liberación nacional, lo que de alguna manera impedía el reconocimiento de Israel. Pero al entrar España en la Comunidad Europea (CE), dadas las buenas relaciones que ésta mantenía con Israel, parecía un contrasentido que uno de sus miembros no reconociera ese Estado, y así, el 17 de enero de 1986 se sellaron las relaciones diplomáticas entre ambos países.

La Federación de Comunidades Israelíes en España asegura, en la actualidad, el pleno desarrollo de la vida judía en España, contando con un colegio judío en Madrid; las comunidades más significativas son las de Barcelona (4.000), Madrid (3.500), Málaga (1.000), Melilla (900), Ceuta (600) y Alicante, Valencia, Sevilla y Canarias (100).

SEGUNDA PARTE

LA RELIGIÓN DE ISRAEL

I
LOS LIBROS COMO FUNDAMENTO
DE UNA RELIGIÓN

El judaísmo, antes de convertirse en la primera religión monoteísta de la Historia, era practicado por un grupo de nómadas del desierto, todavía sin conciencia de pueblo, que habían abandonado Mesopotamia para marchar a Aram y después a Canaán, a los cuales se les llamaba hebreos.

Su religión estaba basada en la tradición oral y había ido evolucionando a lo largo de los siglos en torno a grandes figuras carismáticas como Abrahán, Jacob, David y los profetas de Israel.

Una vez escrita, esta tradición oral se transformó en la Biblia (*Tanak*, para los judíos), la cual, además de relatar la historia de un pueblo, es, evidentemente, el fundamento de la religión de ese pueblo.

El Talmud, que puede definirse como un libro de comentarios a la Biblia que han ido variando con el tiempo, encarna la tradición oral que antes correspondió a la Biblia.

1. La Biblia

La Biblia hebraica es un gigantesco monumento literario escrito entre los siglos XIII y IX a. C. Se compone de veinticuatro libros reagrupados en tres partes: la Torá, los Profetas y las Hagiografías.

La Torá

La Torá (voz que significa doctrina) o Pentateuco (del griego, cinco libros) se subdivide en cinco partes, escritas, según la tradición, por Moisés.

- ***Génesis***
Cubre el período que va desde la Creación hasta la muerte de José, pasando por la historia de los patriarcas (Abrahán, Isaac, Jacob) y por la estancia en Egipto.

- ***Éxodo***
Cuenta la esclavitud de los hebreos en Egipto y su salida, guiados por Moisés. Incluye hasta la revelación del Decálogo y de las primeras leyes en el desierto.

- ***Números***
Relata diversos episodios ocurridos durante el peregrinar por el desierto. Acaba con la llegada de las doce tribus a la tierra de Canaán.

- ***Levítico***
Es un código de conducta en el cual se especifican prescripciones sobre los alimentos y las relaciones familiares, así como el estatuto de los sacerdotes y la legislación de la tierra de Israel.

- ***Deuteronomio***
Está considerado como el testamento de Moisés; es un largo discurso que recuerda las grandes líneas de la historia de su pueblo y las leyes fundamentales de su religión; la última parte recoge una visión sobre el futuro. El Deuteronomio acaba con la muerte de Moisés.

Los profetas

(*Nebiim*, en hebreo). Se subdivide en dos grandes partes, ambas con cuatro libros cada una.

EL JUDAÍSMO

• **La primera parte**

Es puramente histórica y recoge:

– el libro de Josué, que describe la conquista de Canaán;
– el libro de los Jueces, que recoge los enfrentamientos entre los hebreos y sus vecinos;
– el libro de Samuel, que cuenta la historia del profeta Samuel hasta la constitución del reino, y el reinado de los dos primeros reyes: Saúl y David;
– el libro de los Reyes, que relata el reinado de Salomón y llega hasta la destrucción del reino de Judá.

• **La segunda parte**

Es ante todo un libro profético. Comprende:

– el libro de Isaías (VIII a.C.);
– el libro de Jeremías (VII-VI a.C.), en el cual se anuncia la destrucción del reino de Judá;
– el libro de Ezequiel (VI a.C.), que se escribió durante el exilio y en él se predice el regreso;
– el libro de los Doce, que contiene las profecías de los doce profetas que vivieron entre los siglos VIII y VI a.C.

Las hagiografías

(En griego significa escritos y vidas de santos; en hebreo *Ktubim*). Se trata de una auténtica antología de obras poéticas, filosóficas y narrativas. Comprende:

– el Libro de la Sabiduría: los Proverbios y el Libro de Job;
– los cinco rollos: el Cantar de los Cantares, el Libro de Rut, las Lamentaciones de Jeremías, el Eclesiastés y Ester;
– los libros históricos y poéticos;
– el Libro de los Salmos.

2. El Talmud

El Talmud (Estudio) es el segundo libro santo del judaísmo: se trata de una amplia compilación de comentarios a la Biblia, procedentes de la tradición oral.

Se considera revelado por el Eterno a Moisés, que a su vez lo inspiró a sus sucesores. Por lo demás, son los rabinos los que han conservado, enriquecido y después transmitido su contenido. Se transcribió entre el principio de la era cristiana y el siglo V.

Se redactó, aunque este acto rompiera la tradición de transmisión oral, por miedo a que las persecuciones de las que eran víctimas los judíos en esa época acabaran con esta tradición, ya que cada vez era más difícil transmitirla de la boca del maestro al oído del alumno.

La pieza maestra del Talmud es la *Misna* (o *Michnah*), un amplio conjunto de enseñanzas recogidas por escrito por el rabino Yehudá ha-Nasí en la segunda mitad del siglo II. Consta de seis partes:

– *Zeraim*: recoge las leyes referentes a las bendiciones y a la vida agrícola;
– *Moed*: reúne las leyes relativas a las festividades;
– *Nasim*: comprende las leyes familiares y conyugales;
– *Nezikim*: es un código moral y civil;
– *Kodasim*: recoge las leyes relativas al Templo de Jerusalén;
– *Taharot*: engloba las leyes relativas a la pureza y a la purificación.

La *Misna* se fue comentando en las escuelas rabínicas durante los siglos siguientes, y el conjunto de estos nuevos comentarios es la *Guemará*. A finales del siglo V se realizó la redacción definitiva del Talmud en las academias rabínicas de Babilonia, y comprende la *Misna* y la *Guemará*.

Excepto raras excepciones,

LA RELIGIÓN

como los *Falasas* —los judíos de Etiopía—, los rabinos se ven obligados al cabo de los siglos a imponer a todas las comunidades de la diáspora las reglas talmúdicas. La liturgia judía prescribe, a partir de estas reglas definidas desde siempre y que han permanecido inmutables, los siguientes oficios religiosos: la oración de la mañana y de la tarde en el sitio y lugar de los sacrificios del Templo, la profesión de fe («Escucha, Israel: el Señor es nuestro Dios y nuestro Señor es único»), las bendiciones, la lectura pública de los Libros sagrados en sábado y la larga recitación del Alenu en la que el profeta Zacarías anuncia la conversión del género humano al único Dios. El Talmud a partir de aquí se presenta como una fortaleza que evita el cuestionamiento de la fe o de la moral en lo que respecta a las materias más diversas como la filosofía, la medicina, las matemáticas, la moral, la astronomía, la biología...

3. La importancia de los Libros en el judaísmo

Si el Talmud es una antropología, una historiografía y una escatología, la Torá es mucho más, puesto que Dios la ha inspirado y es su obra creadora, porque «Dios contemplaba la Torá mientras hacía el mundo».

Así, según los rabinos del Talmud, observando estrato por estrato, se nota la presencia del pensamiento creador de Dios, y esto se percibe en cuatro niveles:

– el *Pésat,* o sentido aparente;
– el *Remez,* o interpretación alegórica;
– el *Deras,* donde cada versículo revela una verdad moral o metafísica;
– el *Sod,* o la lectura mística que pone en contacto con la presencia divina.

Así pues, es en la Torá donde hay que buscar la esencia mística de la religión judía a la que Abrahán le puso tres fundamentos:

– existe un Dios; Él ha firmado una Alianza con Abrahán y su descendencia;
– el testimonio de esta Alianza es la posesión del país de Canaán, la tierra prometida;
– Dios es justo; Él es el juez del género humano.

A su vuelta a la tierra prometida, Jacob, nieto de Abrahán, se llamó Israel, es decir, «el que lucha con Dios», en los dos sentidos de la palabra (en compañía y contra).

Cuando Moisés recibió los Diez Mandamientos exclamó: «Escucha, Israel, el Eterno es nuestro Dios y el Eterno es Uno». Así fue como el monoteísmo se hizo realidad y la religión adquirió un código de comportamiento moral; la Torá será sus enseñanzas. Desde entonces, el rito y la ética son los fundamentos de la religión de Israel.

A lo largo de los dos siglos siguientes, los profetas desarrollaron esta enseñanza a la que aportaron una primera y decisiva contribución para la construcción del judaísmo.

Estos profetas eran más predicadores que pronosticadores y se integraron dentro de las tres formas de autoridad espiritual definidas por Jeremías (IV-V): la misión del sacerdote, hombre de la Torá, es interpretar y aplicar la Ley de Moisés, pues es sabio, y hacerla cumplir, pues es también profeta, en el sentido de que él es quien critica las instituciones. Lo esencial del mensaje de estos profetas se encuentra en el segundo tercio de la Biblia hebraica.

EL JUDAÍSMO

Con la destrucción del Templo de Jerusalén y el exilio de una gran parte de su pueblo, la historia de Israel se diseminó; desde entonces recorre dos caminos: la tierra santa y la diáspora. Uno de los fundamentos básicos de esta religión, es decir, la Alianza contraída entre Dios y Abrahán cuyo resultado es la tierra prometida, ¿habrá que desmentirlo o todavía se podrá llevar a la práctica?

Ante este dilema hace su presencia el rabinismo, desarrolla una enorme esperanza en el regreso, algo parecido al sionismo moderno, y plantea la sustitución provisoria de la Torá en la tierra prometida; la Biblia se convierte, pues, en la verdadera patria espiritual del pueblo judío.

II
EL RABINISMO

La palabra rabino es la transcripción de la voz hebrea *rabbí*, derivada del adjetivo *rab*, que significa literalmente *importante* y que hay que entender como *señor*, contracción de *monseñor;* a partir de la Edad Media esta palabra se usó exclusivamente para designar la función rabínica.

El modelo rabínico es el polígrafo hebraicoespañol Ezra (1092-1167), figura que defendió en sus obras la renovación de la fe y la pureza del pueblo judío, rechazando vehementemente el mestizaje; los judíos ortodoxos actuales le reclaman como su maestro.

En los primeros tiempos, los rabinos eran escribas dedicados a copiar fiel y escrupulosamente las Sagradas Escrituras. Poco a poco se transformaron en sus guardianes.

Tras la destrucción del Templo de Jerusalén, sólo quedó en Judea, y por supuesto en la diáspora, una sola autoridad, la de los sacerdotes que se habían comprometido con la burguesía y con los ocupantes del país: los rabinos.

Según los fundamentos del judaísmo moderno, Dios ha confiado a los rabinos la misión de interpretar, explicar y desarrollar los principios de la Torá; así pues, sus enseñanzas emanan de su autoridad por el conocimiento que tienen de la Ley. El conjunto de estas enseñanzas se encuentra en el Talmud que redactaron los rabinos de la Edad Media, de donde procede el cuerpo doctrinal de la religión judía.

Por tanto, aunque es evidente que «el rabino es ante todo un sabio, un doctor y un intérprete de la Ley», es también un juez, porque la Torá, a su vez, es un código civil y penal. Incluso aunque presida muy a menudo las ceremonias religiosas, éstas pueden realizarse sin su presencia; aun más, no es él sino el esposo quien pronuncia las fórmulas sacramentales que legitiman el matrimonio; de ninguna manera es el equivalente del sacerdote en la religión cristiana.

Un rabino es consagrado por un maestro, que a su vez ha sido ordenado por otro rabino; la cadena llegaría hasta Moisés. Su misión es esencialmente la de velar por la Ley; su autoridad, en la práctica, se limita exclusivamente a las enseñanzas de los rabinos del Talmud, referencias incuestionables para los rabinos actuales.

III
LAS ENSEÑANZAS FUNDAMENTALES
DEL JUDAÍSMO

Según la *cosmovisión* bíblica, el mundo está dividido en cuatro círculos concéntricos, cada uno de los cuales está ocupado por un tipo de seres humanos.

El círculo más amplio representa al conjunto de personas y naciones, para las que el Dios único de Israel es también el Dios de toda la humanidad; Israel ocupa el lugar del hijo primogénito y las demás gentes son hijos menores, sometidos «a las leyes de los hijos de Noé», los cuales reciben de los rabinos las enseñanzas que emanan de los Diez Mandamientos.

El siguiente círculo, más estrecho, es el de los hijos de Israel. En tanto que pueblo elegido, tienen que someterse a la Ley con más rigor; además de los Diez Mandamientos, tienen que observar una serie de prohibiciones concretas, sexuales —el incesto, la homosexualidad, la zoofilia— o nutricionales —prohibición de comer sangre—. Estas prohibiciones se rigen por la pureza o impureza de las cosas y, en consecuencia, un pueblo que se rige por estas normas es una auténtica nación de sacerdotes. En efecto, los *goyim* (los otros pueblos, o sea, los «gentiles») no tienen que respetar los 613 preceptos de la Ley que sí debe esforzarse en cumplir un judío piadoso.

El tercer círculo, todavía más estrecho, representa a los sacerdotes. Tienen muchas más obligaciones en todos los terrenos (prohibición de casarse con una mujer divorciada, de entrar en un cementerio, de estar en presencia de un muerto...), y siempre siguiendo la regla de la pureza y la impureza.

En el cuarto círculo sólo hay una persona, el Gran Sacerdote, supremo intermediario entre Israel y Dios, por lo que sólo él conoce y puede pronunciar el Nombre divino. Él sólo, una vez al año, puede entrar en el Sanctasanctórum el Día del Perdón.

Por tanto, cuanto más cerca se está de Dios más obligaciones estrictas se tienen; según el Talmud, si Dios ha creado el mundo para que sirva a los hombres, a estos los ha creado para que sirvan a Dios.

El ser humano se debate entre el instinto del bien y el del mal; está condenado a superar el mal y a servir a Dios, pues Dios es el Bien absoluto que no puede coexistir con el mal. Cuando en este mundo triunfa el mal, Dios se retira, dejando al ser humano solo para que lo afronte. Para vencerlo, este último debe consagrarse al bien perseverando no sólo en los mandamientos fundamentales sino también en las 613 leyes que harán reinar la santidad en la Tierra, y así se encontrará con Dios.

La elección del pueblo de Israel como salvador del mundo no ha sido arbitraria sino que ha sido el resultado de una decisión bilateral, de una Alianza con consentimiento mutuo: Israel ha elegido a Dios y Dios ha elegido a Israel.

Cualquier alteración de esta Alianza entraña sufrimientos, persecuciones, deportaciones y exilios para el pueblo de Israel, que tiene que soportar sus des-

LA RELIGIÓN

gracias estoicamente porque la redención es segura.

Esta elección, por consentimiento mutuo, hace que el pueblo elegido sea, naturalmente, «el objeto privilegiado del amor divino». Para responder a esta distinción particular, el judío tendrá que entregarse en alma y cuerpo: deberá obedecer a Dios, sin esperar nada a cambio; temer a Dios y estar dispuesto, si fuera necesario, al martirio. Pero esta idea de elección ¿no implica para el pueblo judío asumir la responsabilidad del Otro, sea el que sea? De ahí que la universalidad de esta elección implique a toda la humanidad. Por la misma razón el *homo judaicus* debe, bajo esta óptica, asegurarse su salvación, pero también la del género humano.

La certeza de ser el pueblo elegido de Dios ha supuesto, a lo largo de la Historia, un gran conflicto con los cristianos que también se reclaman los elegidos del mismo Dios.

IV
EL CONFLICTO ENTRE EL JUDAÍSMO
Y LA CRISTIANDAD

El hecho de compartir el mismo Libro santo que los unos llaman Torá y los otros Antiguo Testamento no ha sido ni mucho menos, a lo largo de la Historia, el punto de encuentro que cabría esperar.

Por el contrario, se ha asistido durante casi dos milenios a un conflicto entre ambas partes; la ruptura se consumó en el año 66 y alcanzó su punto álgido en la Edad Media, cuando, por ejemplo, llegó a quemarse el Talmud, acusado de brujería, en una plaza de Grève (Francia) en 1242.

Ha sido precisamente el Talmud el que originó el conflicto. La interpretación que hace de la Biblia más las afirmaciones peyorativas sobre la figura de Jesús, al que se le describe como el hijo de un legionario romano y dedicado a practicar gemonías [1], desató, sin duda, el conflicto.

Los judíos siempre se han negado a reconocer el mesianismo de Jesús porque, en su concepción, el Mesías es un personaje carismático y pacificador; tampoco pueden admitir a un Dios torturado y asesinado por los romanos, ya que a sus ojos esto es la encarnación del paganismo.

Por su parte, el cristianismo considera que la llegada de Cristo abolió el cumplimiento estricto de la Ley, la cual fue encarnada por la fe. El ataque de los judíos a la nueva Ley y a su persistente observancia, fijado por el Talmud, explica la representación de la sinagoga con los ojos vendados que se difundió en la cristiandad durante la Edad Media.

Lo que separa a los cristianos de los judíos es esencialmente la figura de Cristo, por un lado, y la preceptiva del Talmud, por otro.

Paul Ricoeur, filósofo contemporáneo, resume el conflicto de la siguiente manera: «Para el judaísmo, la relación del hombre con Dios está mediatizada por la Torá, y para el cristianismo por la persona de Cristo».

---

[1] Castigo infamante. La voz procede de la especie de escala en el monte Capitolio de Roma donde se exponían los cadáveres de los ahorcados antes de arrojarlos al Tíber.

V
LA PRÁCTICA RELIGIOSA JUDÍA

Aunque los fundamentos de la teología y de la espiritualidad del judaísmo son el resultado de un largo proceso que comenzó con la Torá y siguió después con el Talmud y sus diferentes corrientes y escuelas, las reglas de la vida del creyente han cambiado muy poco al cabo de los años. El resumen siguiente está basado en la clasificación establecida en el siglo XVI por José Caro.

1. Las oraciones

En la fe judía, la noche es una muerte en pequeño; el sueño se considera, por tanto, como un estado de impureza que hay que transformar empezando el día con una serie de abluciones acompañadas de preces.

Antes del desayuno hay que recitar una de las tres oraciones cotidianas que se dicen antes de las comidas principales. Lo mejor es realizarlas en comunidad y tienen que durar media hora. Como la de la noche, se compone de unas aleluyas, para dar gracias a Dios por haber encontrado todas las fuerzas al salir del sueño, de salmos, como homenaje al Creador, y de una recitación de dos pasajes importantes: el *Sema* y el *Amida*. El primero es un conjunto de tres textos extraídos de la Torá y que hacen referencia al amor de Dios y a la obediencia de sus leyes. El segundo se reza de pie, con los pies juntos y la mirada vuelta hacia Jerusalén, y se compone de diecinueve aleluyas.

Por lo demás, a lo largo de la vida cotidiana se cantarán muchas bendiciones, antes y después de cualquier hecho gozoso.

Como última oración, se reza una vez más el *Sema*, que es la oración más importante, verdadero credo del judaísmo, como el *Padrenuestro* para el cristianismo:

«Escucha, Israel: el Señor nuestro Dios es solamente uno.
Amarás al Señor, tu Dios, con todo el corazón,
con toda el alma y con todas las fuerzas».

Los hijos de una persona fallecida recitan el *Kadis*, que significa *santificación* y es un canto de alabanza a Dios. Esta oración se reza en la sinagoga todos los días durante el año de duelo y en cada aniversario de la muerte de dicha persona.

Por último, los creyentes tienen que cubrirse la cabeza durante todas las oraciones y las bendiciones. Esta costumbre tiene su origen en la convicción de un rabino del Talmud que afirmaba que «la presencia divina está por encima de la cabeza».

Aunque la Ley no exige nada más, los judíos religiosos llevan siempre la cabeza cubierta con el *kippah*, que se ha convertido en un símbolo de toda la comunidad.

2. Las prescripciones alimentarias (*Chul'hane Aru'h*)

La alimentación judía está regida por la selección entre lo puro y lo impuro. Ya en la Biblia se hace mención de los animales que se pueden comer y de los prohibidos.

EL JUDAÍSMO

En líneas generales, son comestibles los cuadrúpedos rumiantes cuyas pezuñas presentan una hendidura, y los pescados dotados de aletas y escamas.

Por consiguiente, no sólo el cerdo está prohibido sino también el conejo, la liebre, el caballo, la caza (todas las aves están autorizadas) y los crustáceos. En ninguna parte se explica el porqué de esta prohibición: «Es la orden del Rey».

Pero la pureza no atañe sólo a las especies animales, sino también a su preparación. Para que el alimento sea puro habrá que haber sacrificado al animal de una manera ritual, sacándole la sangre, «porque la sangre es la vida, y no comerás la vida con la carne» (Deuteronomio XII, 23).

Así pues, hay que empezar por realizar una sangría al animal para sacarle la sangre arterial; inmediatamente después la carne se pone en remojo y se lava y, por último, se sala. De esta manera ya está *kaser,* es decir, lista para comer.

Debe notarse que, además de la pureza de los alimentos, lo fundamental en la comida es respetar la ley de la no contaminación, esencial en las carnes y en los productos lácteos, la cual procede, por extensión, de la prohibición bíblica que precisa que no se puede cocer el cabrito en la leche de su madre. Esta ley también afecta a los productos agrícolas, a su modo de cultivo y a su elaboración; y así, no se puede cultivar en un mismo terreno el trigo junto a la vid, ni mezclar en el mismo tejido la lana con el lino.

3. El Sabat

El *Sabat* (cesación) aparece instituido en la Biblia en recuerdo del descanso tras la creación del mundo. Es un acto de fe de capital importancia en el culto judaico; los rabinos del Talmud no se cansan de afirmar que «el Mesías vendrá cuando todo el pueblo de Israel observe el Sabat».

Comienza el viernes por la tarde, a la caída del sol, y concluye el sábado con la aparición de las primeras estrellas. No puede realizarse ninguna actividad profesional o lucrativa, ya que la prohibición no permite tocar, en el sentido de palpar, el dinero. Por extensión, cualquier acto productivo o creativo, excepto la procreación, también está prohibido. Durante mucho tiempo, los rabinos han llegado incluso a considerar que cualquier desplazamiento que no se realice a pie, así como la utilización de la electricidad, son incompatibles con el Sabat.

(Para las fiestas religiosas, ver, en los anexos, «Calendario hebraico y principales fiestas judías».)

4. Ritos y costumbres

Cronológicamente, el primero de los ritos que el creyente debe santificar es la circuncisión; hoy se practica a la edad de ocho días. Encarna la Alianza entre Dios y Abrahán y proclama la continuidad y pertenencia al pueblo judío. Con esta ocasión, el neonato recibe un nombre hebreo.

A los treinta días hay que proceder al «rescate del primogénito» ya que, según la tradición, el primer hijo debería consagrarse al sacerdocio: con esta compra se le desacraliza.

A los doce años para las niñas y a los trece para los niños se celebra la mayoría de edad religiosa.

El matrimonio, incluso el religioso, se puede romper por el consentimiento mutuo de los esposos.

LA RELIGIÓN

Los ritos del duelo son bastante complejos. Se empieza por depositar el cuerpo de la persona fallecida en el suelo nada más morir, porque «polvo eres y al polvo volverás». Y por la misma razón habrá que enterrarlo lo antes posible, envuelto únicamente en un sudario.

El judaísmo rechaza la autopsia y la donación de órganos por considerarlos actos que degradan el cuerpo humano.

El duelo consta de muchas etapas:

– la primera dura siete días; se le llama el gran duelo: ninguna de las personas que vivía con el difunto debe salir de casa y hay que cubrir con un velo las ventanas y los espejos;
– la segunda dura treinta días, durante los cuales los hombres no pueden afeitarse;
– la tercera afecta sólo al padre y a la madre de la persona fallecida, dura un año y ambos deben abstenerse de cualquier placer.

El rechazo al mestizaje, y por tanto al matrimonio mixto, era en su origen una protección contra el paganismo de la época: esta tradición se mantiene en la actualidad.

Se puede celebrar un matrimonio mixto siempre que la persona no judía acepte la Torá, es decir, que se convierta, para que el esposo pueda pronunciar la frase ritual: «He aquí que tú me has sido consagrada según la Ley de Moisés y de Israel».

5. La vida después de la muerte

El judaísmo disocia el alma del cuerpo. Aunque aquélla es eterna, su paso por la tierra significa sólo un breve paréntesis en la eternidad. A la muerte del cuerpo, el alma entra en el Jardín del Edén, que está dividido en el Edén inferior y el Edén superior. Allí, según sus méritos, el alma ocupa una posición más o menos elevada y lleva una existencia meramente espiritual.

Sin embargo, sólo el alma purificada de sus faltas puede gozar de sus buenas acciones en el *Guehinom* (valle de los hijos de Hinom, en la Biblia).

Algunas corrientes judías creen en la reencarnación de las almas.

Por último, una de las creencias fundamentales del judaísmo es que sólo un número determinado de almas tiene que conocer la vida terrestre; cuando se llegue a esta cifra el Mesías vendrá a este mundo. Esto, sin duda, explica la predisposición de los judíos a una favorecedora política de la natalidad.

VI
LA CÁBALA (QABBALA)

La palabra *cábala* significa transmisión y tradición, pero para los *cabalistas* es el conocimiento de los secretos del Universo, una ciencia que se transmite de maestro a discípulo desde la Antigüedad. Como en todas las enseñanzas ocultas, consideradas como confidenciales y por tanto orales, acabó por transcribirse entre los siglos VI y XVI y ha dado lugar durante la Edad Media a una abundante literatura.

Así pues, la cábala, cuyos antecedentes están en el primer período talmúdico (siglo I), es el conjunto de comentarios místicos y esotéricos judíos de la Biblia y la tradición oral sobre Dios y la Creación. Su gran desarrollo por escrito se inició en dos escuelas, una en Provenza y otra en España, concretamente en Gerona, Barcelona, Toledo, Guadalajara y Burgos. A finales del siglo XIII apareció el *Zohar (Esplendor, Libro de los esplendores)* del rabino hebraico español Moisés de León, obra fundamental del misticismo cabalista. (Ver «Personalidades hispanojudías», en *El judaísmo en España*.)

En los primeros tiempos su estudio estaba reservado a una elite de rabinos, pero a partir del siglo XV se abrió a amplias capas de la intelectualidad judía. En los siglos XVIII y XIX el misticismo judío intentó eliminar algunas fórmulas cabalísticas.

1. El Carro y la Creación

Según el Talmud, como ya se ha visto anteriormente, hay cuatro niveles de lectura de la Torá, el último de los cuales es el *Sod* o lectura mística y esotérica. A esta lectura es a la que se consagra la cábala, por medio de dos ciencias ocultas, la del Carro y la de la Creación. La primera concierne a Dios y a sus atributos, la segunda tiene como objetivo el Universo, el paso del ser humano del segundo mundo al primero.

Para los cabalistas, sólo se puede reconocer a Dios a través de la perspectiva de la Creación. Su esencia es inaccesible, como su nombre —Dios no puede ser nombrado (la palabra YHVH es prácticamente impronunciable)—. Sin embargo, se muestra mediante los diez *sefirot* (emanaciones), los diez nombres atribuidos a Dios en la Biblia (entre ellos, YHVH y Elohim), que expresan otros tantos atributos de la esencia divina; su sola designación es la negación de toda designación; de ahí el *En-Sof* o el No-Finito o incluso el Infinito. Este *En-Sof* es un mundo extremadamente complejo en el que el Trono, el Carro, los Palacios y los Ángeles no son más que representaciones imaginadas por los cabalistas siguiendo la visión de Ezequiel y que ellos intentan entender.

El Universo es una emanación de Dios y, por tanto, la ciencia de la Creación tratará de explicar el complejo proceso que dio lugar a pasar del Uno a lo Múltiple, del Infinito a lo Finito, de la espiritualidad a la materia. Este proceso está inscrito, en forma de código, en la Torá, que es la materia primordial de cualquier investigación cabalística.

Así, el Universo en su totalidad rezuma un mismo y único

LA RELIGIÓN

sistema que funciona según una causalidad descendiente —energías divinas producen el nacimiento de las cosas— o ascendiente —las acciones de los seres humanos, que pueden enriquecer la energía divina asegurando la regulación del Universo.

La Creación, pues, no es un fenómeno acabado; cada día Dios renueva el proceso, insuflando la indispensable energía vital. Por su parte, el ser humano debe sacar de sí mismo algo para darle a Dios motivos para que siga con su eterna recreación.

2. Los cuatro mundos

El Universo emana del Infinito en virtud de un salto a través de los cuatro pilares espirituales, intelectuales y físicos que forman los cuatro mundos. Estos cuatro mundos son: la Emanación, la Creación, la Formación y la Acción. Cuanto más se desciende en la escala de estos mundos más se aleja uno de lo espiritual y de lo puro y se acerca más a lo material e impuro.

En el mundo de la Emanación, la voluntad emanada está todavía cercana a su fuente; cuando cae en el Universo, sufre una serie de degradaciones que dan lugar al nacimiento del Pensamiento, después del Lenguaje y por último de la Materia.

El primer grado de percepción de la voluntad divina es el Lenguaje ya que por medio de él Dios ha creado el mundo: «Dios dijo: "haya luz", y hubo luz» (Génesis 1,3).

Así, cada letra de la palabra divina es una piedra y cada nombre una casa. El tetragrama YHVH es el fundamento de toda existencia y cada uno de los cuatro mundos corresponde a una de estas letras. (De ahí la importancia del número cuatro para los cabalistas: cuatro exilios, cuatro elementos fundamentales, cuatro puntos cardinales...)

La cábala, en realidad, no aporta ninguna doctrina nueva. El único elemento original es su insistencia en la reencarnación, a la cual en la Torá solo se hace alguna vaga referencia. En cambio, ha sido muy positiva para el judaísmo al darle una dimensión esotérica clara que le ha permitido afrontar mejor los peligros que lo amenazaban durante la Edad Media y que eran tres: el cristianismo, el islam y la filosofía.

Por último, la cábala ha dado lugar al nacimiento de una variedad de corrientes místicas que han enriquecido el judaísmo.

VII
LAS PRINCIPALES CORRIENTES
DEL JUDAÍSMO MODERNO

La Historia ha influido enormemente en el desarrollo del judaísmo. Han aparecido corrientes y movimientos que a veces han evolucionado y otras han desaparecido.

El judaísmo moderno tampoco ha sido ajeno a esta regla; al contrario, tres acontecimientos capitales para la Historia han resultado fatales para él.

El primero fue la Revolución francesa, que, al decretar que todos los ciudadanos eran iguales e instaurar la libertad de culto, cambió la actitud hacia los judíos de la diáspora en los países a los que habían llegado las ideas revolucionarias. Por primera vez en la historia de su exilio, las diferentes comunidades judías estaban en condiciones de conseguir una verdadera integración social para ellas y para sus descendientes. ¿Por qué dejaron escapar esta ocasión? Porque para asirse a ella tenían que renunciar a los fundamentos del judaísmo, es decir, a conservar la esperanza en el regreso a la tierra santa, la llave de la Alianza. Más que nunca se planteó la cuestión de si ser judío era formar parte de un pueblo o de una religión.

El segundo y el tercer acontecimiento nos son mucho más cercanos; se trata del holocausto y de la creación del Estado de Israel.

El holocausto, en el que murieron las dos quintas partes de la población judía mundial, hizo zozobrar la fe de numerosos creyentes, dada la crueldad con la que se realizó. Para muchos de ellos, esta barbarie era la prueba de que Dios había abandonado para siempre al género humano; y por tanto el judaísmo, una religión en la que sus sacerdotes tienen la misión de atraerse la misericordia divina con sus oraciones y sus contribuciones en la tierra, no tenía razón de ser.

La creación del Estado de Israel, que, teóricamente, debería haber levantado la fe judía, ya que suponía el cumplimiento de la promesa y, en consecuencia, de la Alianza, ha producido a menudo grandes crisis religiosas en las comunidades de la diáspora divididas entre su integración en los distintos países de adopción, conseguida a un alto precio, y la necesidad de «volver» a Israel para que se cumpla la Alianza. Dicho de otro modo, ¿se puede seguir siendo judío, a partir de 1948, negándose a «integrarse» en la tierra prometida?

Por último, ¿la estricta práctica religiosa judía es incompatible con el ritmo de vida en las sociedades modernas e industrializadas?

En el siglo XVIII, Moisés Mendelssohn (1729-1786) trató de resolver parte de estas interrogaciones, proponiendo que el judaísmo debía entrar en una era marcada por la diversidad de los modos de pensamiento. Para él, la mejor solución era potenciar la emancipación sin renunciar a su especificidad religiosa, esto es, «ser judío en casa y hombre fuera de ella».

No es de extrañar que en el país de Mendelssohn, en Alemania, un siglo después, naciera el Movimiento de la Reforma,

LA RELIGIÓN

cuyo objetivo era «modernizar el judaísmo tanto en sus dogmas como en sus ritos», basándose tanto en la Torá como en el Talmud, lo que provocó una oleada de reacciones contrarias que condujeron a la creación de movimientos opuestos.

1. La Reforma

En los Estados Unidos más de un tercio de creyentes se adhirió al movimiento reformista, que en sus comienzos era excesivamente radical, rechazando la tradición rabínica y definiéndose según los siguientes principios:

– solamente las leyes morales de la Torá tienen un valor obligatorio para los judíos;
– las leyes relativas a la pureza física tienen que adaptarse al mundo moderno;
– ser judío es pertenecer a una comunidad religiosa, y no a un pueblo;
– si hay que conservar la idea de la inmortalidad del alma hay que rechazar la de la resurrección de los muertos.

Después, en 1937, hubo una corriente contraria que vino a contrarrestar a los ardorosos modernizadores, saliendo en apoyo sin reservas del sionismo emergente. En la actualidad, la organización Unión Mundial para el Judaísmo del Progreso es la que representa esta corriente.

2. El movimiento conservador

Igual que la Reforma, este movimiento surgió en Alemania, en el siglo XIX, antes de propagarse en los Estados Unidos. Sus integrantes ponían el acento en el carácter evolutivo del judaísmo, separando lo «esencial intangible» de los «aluviones históricos».

Sin embargo, el Talmud siguió siendo para este grupo una referencia constante.

Este movimiento se desarrolló como una doble reacción contra la Reforma, por un lado, y contra la ortodoxia, por otro. En la actualidad cuenta con más de seiscientas sinagogas «conservadoras» en los Estados Unidos.

La asociación que la representa es la Anti-Diffamation League, que juega un papel importante en la lucha contra el antisemitismo en el mundo.

3. La ortodoxia

Se llama ortodoxas a «las diferentes comunidades y movimientos judíos que tratan de mantener el modo de vida tradicional (...) siguiendo al pie de la letra las leyes del Talmud» (J. Eisemberg, en *El judaísmo*). Los componentes de este movimiento son heteróclitos y puede afirmarse que engloban tanto a los fundamentalistas que prohíben ver la televisión como a otros judíos más integrados en el modo de vida occidental.

A esta corriente se adscriben las comunidades israelitas españolas.

En Israel es donde son más numerosos, por el peso electoral que tienen los judíos religiosos. Su dinamismo se evidencia por el crecimiento espectacular de escuelas y academias talmúdicas: los *Yechivot*. Pero también por la adquisición de bienes inmuebles que están realizando en la ciudad vieja de Jerusalén. Según algunas cifras, poseen ya el 25 % del suelo.

En el barrio de Meqt Searim, controlado por este movimiento, se ha impuesto la observancia estricta tradicional de la Ley, por lo que está prohibido circular en el Sabat, y esto provoca frecuentes enfrentamientos con

EL JUDAÍSMO

los demás habitantes de la ciudad, incluidos los partidarios de la corriente liberal de Jerusalén.

El tradicionalismo extremado de los ortodoxos rechaza cualquier compromiso y sigue las estructuras sociales procedentes de la Europa oriental, lo que no impide a los ortodoxos recurrir con frecuencia a las aportaciones de la civilización industrial que sin embargo condenan. Muchos de los componentes de esta corriente ortodoxa no se identifican con el movimiento sionista ni reconocen el Estado de Israel, pues el reino de Yavé no puede instaurarse antes de la llegada del Mesías.

Afirman que su objetivo principal es «convertir a los judíos al judaísmo».

Así pues, hasta no hace mucho tiempo, los judíos debían escoger entre la religión y la desjudaización, entendida ésta como integración. Hoy, con la proliferación de corrientes, hay otras posibilidades, como, por ejemplo, la de los «judíos de la cultura», cuyo objetivo es la difusión de la memoria y de la cultura judías.

ANEXOS

EL HEBREO

La lengua de la Biblia, el hebreo antiguo, es la única lengua semítica occidental que ha sobrevivido hasta nuestros días en su forma moderna; la fenicia y la moabita han desaparecido, y el arameo sólo se mantiene de una manera muy aislada.

1. Evolución histórica

El hebreo antiguo ha evolucionado y pasado por muchas fases antes de llegar al hebreo moderno, lengua que se habla esencialmente en Israel, pero también en la diáspora.

El hebreo antiguo

El hebreo antiguo que se conoce es el de la primera redacción de la Biblia y era muy parecido al fenicio, del que adoptó parte de su abecedario.

Sus caracteres eran diferentes de los cuadrados, que empezaron a usarse a partir del exilio en Babilonia (586 a.C.).

El hebreo *mísnico*

La palabra *mísnico* hace referencia a la lengua en la que se escribió la *Misna*. Era la lengua hablada entre el siglo IV a.C. y el II de nuestra era.

No presenta ninguna diferencia morfológica con el hebreo bíblico; las variaciones afectan únicamente a la sintaxis y al léxico.

El hebreo mísnico se usa hoy en algunas oraciones.

El hebreo moderno

La lengua hebrea conoció durante la Edad Media un período de continuidad, pero hubo que esperar hasta el siglo XVIII para que el hebreo moderno viera la luz con el nombre de hebreo de la *haskala*, movimiento de renovación cultural que se inspiró en las ideas del Siglo de las Luces.

En 1870, el hebreo renació deshaciéndose de la *haskala*, del preciosismo que lo caracterizaba, y se manifestó en abundantes obras escritas, tanto de prensa como literarias, antes de que Eliezer Ben Yehuda lo fijara en 1881, redactando un monumental diccionario de la lengua hebrea. Desde entonces, el hebreo ha evolucionado poco y es el que se habla en la actualidad.

2. Las lenguas judías

El hebreo escrito se ha usado siempre como medio de comunicación entre las diferentes comunidades judías exiliadas o dispersas por el mundo, las cuales tenían que adaptarse al entorno social. Sobre el hebreo hablado recaía el peso del idioma del país de adopción o de ocupación.

Así, desde la época mísnica, el judeo-arameo reemplazó al hebreo como lengua hablada, tendiendo este último cada vez más a convertirse en una lengua escrita y sagrada. Tras la destrucción del Templo, en el año 70 de nuestra era, y hasta el siglo XIX, el hebreo había prácticamente desaparecido en Palestina. En cuanto a la diáspora, se hablaban dialectos influenciados por las lenguas de los respectivos países: el yídico o judeoalemán en la Europa septentrional, el sefardí o judeoespañol en el norte de Marruecos, Grecia, Turquía y Yugoslavia, y el judeo-árabe en los países árabes. Pero siempre se ha escrito con carac-

EL JUDAÍSMO

teres hebraicos. Así, el hebreo como tal se ha convertido en una lengua sagrada reservada para las oraciones. Hasta el siglo XIX no fue una lengua de uso corriente.

3. Las grandes directrices

Como ya se ha visto anteriormente, la escritura hebraica «cuadrada» se remonta al año 536 a.C. Esta escritura es la que se ha utilizado hasta nuestros días. Al igual que otras lenguas semíticas, el hebreo se escribe de derecha a izquierda y se lee de atrás hacia adelante. El abecedario (*alef bet*) comprende veintidós consonantes y ninguna vocal. Cuatro de las letras *(alef, hei, vau* y *yod)* tienen, además de su valor consonántico, uno o dos valores vocálicos.

La vocalización en el hebreo moderno se marca por unos signos (puntos o guiones) que se colocan encima de las letras.

Por último, el orden alfabético es casi el latino. Tiene dos grafías: las letras de imprenta o cuadradas se utilizan sobre todo en la impresión y en los textos sagrados, y la cursiva se utiliza en los demás casos.

CALENDARIO HEBREO Y PRINCIPALES FIESTAS JUDÍAS

1. El calendario hebreo

El calendario hebreo es lunisolar, es decir, que se fija en función del movimiento de la Tierra alrededor del Sol y el de la Luna alrededor de la Tierra. Los meses lunares son de 29 días, 12 horas, 3 segundos y 3,3 décimas de segundo, y el año solar tiene una duración de 365 días, 48 minutos y 46 segundos; existe una variación de 11 días entre los dos movimientos cada 12 meses lunares. Esta variación es de poco más o menos 7 meses cada 19 años. Por este motivo, en el calendario hebreo cada ciclo de 19 años presenta 7 años embolísmicos, es decir, que tienen un mes complementario que se sitúa en el mes de Adar (marzo) y se llama Adar ve Adar (o Adar II). Estos años son el primero, el cuarto, el séptimo, el noveno, el decimosegundo, el decimoquinto y el decimoséptimo de cada ciclo.

En el ciclo actual, el año 1989-1990 fue el primero de dicho ciclo.

Los años ordinarios tienen entre 353 y 355 días; los años embolísmicos tienen entre 383 y 385 días, y Adar II siempre tiene 30 días.

El día consta de 24 horas y comienza con la caída del sol.

Mes hebreo	Duración	Correspondencia
*Tisri**	30 días	Septiembre-Octubre
(Mar) Hešvan	29 o 30	Octubre-Noviembre
Kislev	29 o 30	Noviembre-Diciembre
Tevet	29 días	Diciembre-Enero
Švat	30 días	Enero-Febrero
Adar	30 días	Febrero-Marzo
Nisan	30 días	Marzo-Abril
Iyyar	29 días	Abril-Mayo
Sivan	30 días	Mayo-Junio
Tammuz	29 días	Junio-Julio
Av	30 días	Julio-Agosto
Elul	29 días	Agosto-Septiembre

* El primer mes del año es *Tisri* y el último *Elul*.

2. Las principales fiestas judías

Además de las fiestas tradicionales y regulares como el Sabat y el *Roš Hodes* (primer día de cada mes), el calendario hebreo presenta algunos días conmemorativos, de recogimiento y de oración. Los más importantes, y siguiendo un orden cronológico, son los que se enumeran a continuación.

EL JUDAÍSMO

Roš ha-Sanah

Los días 1 y 2 de *Tisri* (en torno al 15 de septiembre) se celebra el Nuevo Año judío, que simboliza la creación del mundo.

Los ocho días que transcurren entre el *Roš ha-Sanah* y el *Yom Kippur* es un período de recogimiento, meditación y arrepentimiento, porque el Libro de la Vida Eterna se abre y en él se inscriben las penitencias.

Yom Kippur

El 10 de *Tisri*. Día de expiación y de ayuno, marca el final del primer período del año.

Succot

Del 15 al 22 de *Tisri*. La fiesta de los Tabernáculos. Se conmemora el tiempo que pasó el pueblo de Israel en el desierto.

Simhat Torá

El 24 de *Tisri*. Es «la alegría de la Torá». Se conmemora el día que Ezra leyó al pueblo la Torá y éste lloró de felicidad. Es una fiesta alegre.

Hanuka

Del 25 de *Kislev* al 3 de *Tevet* (hacia mediados de diciembre). Fiesta de las Luces. Se conmemora la reconquista del Templo, en manos de los griegos seléucidas, por los asmoneos.

Tu bi-Švat

El 15 de *Švat*. Fiesta de los Frutos y de los Árboles.

Purim

El 14 de *Adar*. Se celebra la victoria de los judíos ante un compló dirigido por un ministro persa que pretendía exterminarlos.

Es una fiesta de alegría en la que se intercambian regalos y se ofrecen dulces.

Pessah

Del 15 al 22 de *Nisan*. Se conmemora la salida de Egipto. Es la Pascua judía. No se puede comer pan con levadura, sólo pan ácimo.

Yom ha-Šoah

El 27 de *Nisan*. Es el día del Holocausto, que conmemora el genocidio nazi contra los judíos.

Yom ha-Atsmaut

El 5 de *Iyyar*. Día de la conmemoración de la independencia del Estado de Israel (14 de mayo de 1948).

Lag ba-Omer

El 18 de *Iyyar*. Se conmemora la victoria de Bar Kokhva sobre los romanos.

Yom Yerušalaym

El 28 de *Iyyar*. Reunificación de Jerusalén (8 de junio de 1967).

Šavuot

Los días 6 y 7 de *Sivan*. Siete semanas después de la Pascua. Conmemora el día en que se concedió la Torá.

Tiš'a be-Av

El 9 de *Av*. Día de luto en el que se recuerda la destrucción de los dos templos de Jerusalén. Es día de ayuno y de lamentaciones ante el muro occidental del Templo, en Jerusalén.

DATOS SOBRE EL ESTADO DE ISRAEL

Situación

Israel está situado en la orilla oriental del Mediterráneo. Limita al Norte con el Líbano, al Este con Jordania y al Suroeste con Egipto.

Fronteras y superficie

Las fronteras de Israel no están reconocidas internacionalmente; y éstas varían como resultado de los diferentes ceses de hostilidades en las guerras que mantiene con sus vecinos de zona. Su superficie actual, incluidos los territorios ocupados, es de 27.817 km².

Las regiones

Hay cuatro regiones geográficas, claramente diferenciadas:

- Una llanura costera y fértil de 2.700 km², en la que se encuentran los puertos de Haifa, Tel Aviv y Asdod.
- La depresión del Jordán que atraviesa el país de Norte a Sur y cruza el lago Tiberiades y el mar Muerto (altitud de -392 m, la más baja del planeta).

Una amplia zona con programas de asentamientos y de fertilización.

- Las colinas centrales: Galilea (1.207 m), Samaria (900 m) y Judea (1.000 m).
- Al Sur, los 12.800 km² del desierto del Neguev que los ambiciosos proyectos de regadío han hecho más habitables.

El clima

Prácticamente hay dos estaciones: la árida (de mediados de abril hasta octubre) y la húmeda (de noviembre a febrero, con 60 días de lluvia y una gran evaporación).

Temperaturas medias: 20 °C (14 °C en enero y 25 °C en agosto) y 17 °C en las montañas (10 °C en enero y 25 °C en agosto).

Las ciudades principales

El 85 % de la población vive en estas ciudades:

- **Jerusalén.** Ciudad sagrada para el pueblo judío y santa para cristianos y musulmanes. Es la capital del Estado y la sede del gobierno.

  Tiene 428.000 habitantes (300.000 judíos, 84.000 musulmanes y 44.000 cristianos). Se reunificó en 1967.

- **Tel Aviv.** Con apenas 327.000 habitantes, es el centro económico del país. Su área de influencia abarca una gran cantidad de pueblos más pequeños que la rodean.

- **Haifa.** Es el puerto más importante del país y cuenta con una población de 250.000 habitantes.

- **Beerseva.** La capital del Neguev tiene 110.800 habitantes.

Israel en cifras (año 1992)

— Superficie: 27.817 km².

— Población: 5.100.000 habitantes, de los cuales 750.000 son árabes.

— Renta per cápita: 11.330 dólares.

— Crecimiento: 6,4 %.

— Inflación: 9,4 %.

— Esperanza de vida: 76 años.

— Industria: 30,2 % del PIB, 25,5 % de población activa (curtidos, potasas, fosfatos, piensos, cementos, canteras, tecnología punta).

— Agricultura: 3,4 % del PIB, 3,1 % de población activa. Independencia alimentaria.

— Exportaciones: agrícolas, 0,3 % (naranjas, cítricos, legumbres, algodón y frutas); minerales y metales, 1,6 % y productos manufacturados, 87,5 %.

Potencial militar

141.000 hombres; 3.794 carros de combate, 1.360 piezas de artillería pesada; 676 aviones de combate, 77 helicópteros de combate, 3 submarinos, 61 lanchas patrulleras (de ellas, 26 rápidas y lanzamisiles) y probablemente un centenar de cabezas nucleares. (Fuente: *Le Monde*, 9-8-1990.)

- **Tsahal:** Nombre que se le da en el ejército israelí al ejército popular. El servicio militar es de tres años para los hombres y de dos para las mujeres; los hombres, además, siguen activos cumpliendo 30 días por año en servicios de reserva.

Los kibbutzim

Los kibbutzim fueron creados por el sionismo y han desarrollado un papel muy importante de repoblación en las regiones que los árabes tuvieron que abandonar con la creación del Estado de Israel, y también, más tarde, en los nuevos territorios conquistados.

El primer kibbutz fue el de Um Juni, cerca del lago Tiberiades, y se instaló en 1909. En él se sentaron las bases de la colonia comunitaria.

Pero fueron los pioneros de la tercera *alyah* los que formularon su ideología: cada kibbutz forma parte de un amplio movimiento de regreso a la tierra prometida para favorecer la revolución nacional, según los planteamientos sionistas.

Las bases de estas comunidades son: la cooperación, la igualdad y el trabajo en una sociedad libre y democrática. La asamblea general reúne a todos los miembros y elige comisiones encargadas de trabajos concretos; la coordinación entre las comisiones las realiza un secretario, un tesorero y un organizador de trabajo. Estos puestos son nombrados por rotación.

La economía del kibbutz no se basa únicamente en la agricultura mecanizada, como suele pensarse, sino que se dirige cada vez más hacia la industria, tanto pesada como ligera, y a la alta tecnología. El 3,5 % de la población israelí vive en kibbutzim; pero su contribución a la economía nacional es mucho más importante.

Hoy día hay más de 271 kibbutzim, y de ellos, 170 pertenecen al Movimiento Kibbútzico Unificado, fundado en 1980; 85 se declaran seguidores del kibbutz Haarsti-Haskoner ha-Tsair y 16 son religiosos.

Aunque habían perdido fuerza desde hace algunos años, los kibbutzim parece que han tomado un nuevo vigor con la llegada de los inmigrantes procedentes de la antigua Unión Soviética.

La *Histadrut* (Confederación General del Trabajo)

La *Histadrut* está formada por la mayoría de la población israelí: judíos, árabes, obreros, empleados, dirigentes o trabajadores independientes.

Además de su actividad fundamental como sindicato, desempeña un papel importante en la planificación económica, cultural y educativa del país.

Se creó en 1920 para preparar la infraestructura del Estado en ciernes y para integrar a los nuevos inmigrados. Siempre ha estado dirigida por el partido socialista, el Mapaï, que, amparado en la fuerza de la *Histadrut*, ha conseguido una gran influencia en las decisiones importantes y en la orientación política, económica y social del país.

EL JUDAÍSMO EN CIEN PALABRAS

1. Agencia judía
Órgano ejecutivo de la Organización Sionista Mundial. Reconocida internacionalmente como representante del pueblo judío durante el mandato británico en Palestina. Su trabajo, en la actualidad, consiste fundamentalmente en ocuparse de todos los problemas relacionados con la inmigración y colonización en Israel.

2. Ahdut ha-Avoda
«La Unidad del trabajo». Organización socialista de los trabajadores judíos en Palestina. Con el nacimiento del Estado de Israel, sus objetivos sindicales se transformaron en políticos.

3. Alyah
Significa «regreso». Es el término que se utiliza para indicar «el viaje de regreso» que realizan los judíos desde la diáspora a Israel.

4. Am olam
Movimiento judío que tuvo su origen en Rusia como reacción a los pogromos de 1881-1882. Su objetivo era ayudar a que los judíos rusos abandonaran el país.

5. Amora
En un principio significaba «el que interpreta en público las palabras del sabio». Más tarde pasó a designar exclusivamente a los sabios del período de la elaboración de la *Misna* y del Talmud.

6. Askenazí
Término que designaba, en su origen, a los judíos de Alemania. Hoy día, por extensión, se usa para referirse a los judíos originarios de Europa central y del Este.

7. Assefat ha-Niv'harim
Suprema institución del *Yisuv* durante el mandato británico.

8. Bar Giora
Liga de defensa clandestina fundada por un grupo de inmigrantes del *Poalei Tsion*.

9. Bar-Mitzvah
Ceremonia que celebra la iniciación a la edad adulta y la entrada del adolescente en la vida religiosa.

10. Bet din
Tribunal rabínico cuyo origen se remonta a los tiempos bíblicos. Los judíos prefirieron muy a menudo a lo largo de la historia someterse a estos tribunales y no a los de los gentiles.

11. Bet midrach
Escuela donde se estudia la Biblia y el Talmud. Ha sido uno de los espacios que ha permitido la supervivencia de la comunidad judía durante sus múltiples exilios.

12. Birz-milah
Término que se usa para designar la circuncisión que simboliza la alianza con Dios. Esta circuncisión se realiza el octavo día tras el nacimiento.

13. Bund
Partido político obrero de los trabajadores judíos. A menudo, enfrentado violentamente con el sionismo.

14. Cábala
Corriente esotérica del misticismo judío. Tuvo su apogeo al fi-

EL JUDAÍSMO

nal de la Edad Media con la difusión del libro *Zohar,* la obra por excelencia de la mística judía.

15. Dayan
Juez del tribunal rabínico.

16. Diáspora
Voz de origen griego y que significa «dispersión». Se usa para designar, en general, a los judíos instalados fuera de Israel. La diáspora judía mantiene vínculos muy estrechos con el *Yisuv.*

17. Dinar
Unidad monetaria de denominación romana utilizada en Israel.

18. Donme
Voz de origen turco que significa «convertido». En el siglo XVII se aplicó, sobre todo, a las familias que se convertían al islam para escapar de las persecuciones pero que mantenían en su vida privada la fe y los rituales judíos.

19. Etzel
Siglas de las iniciales hebraicas de la organización militar *Irgun Tzvai Lehumi,* más conocida por el nombre de *Irgun* y que cobró fama por su lucha contra los ingleses durante el mandato británico.

20. Éxodo (Salida de Egipto)
Uno de los acontecimientos más importantes en la historia religiosa judía. Simboliza el abandono de la esclavitud y la elección de la libertad.

21. Exodus
Nombre de un barco que partió el 11 de julio de 1947 de Marsella llevando a bordo a 4.500 inmigrantes judíos y que fue rechazado en Palestina por los ingleses.

22. Fariseos
Era el partido judío más influyente durante el período del segundo Templo.
Sus miembros seguían la Ley judía de una manera muy estricta.

23. Fidai
Palabra árabe que significa «los que sacrifican su vida» y se usa, a partir de los años cincuenta, para designar a los combatientes de la OLP que luchan contra Israel.

24. Gaon (Geonim)
Título que se daba a los directores de las dos escuelas talmúdicas de Babilonia entre los siglos VI y XI.

25. Gentiles
Término que los judíos y los primeros cristianos usaban para designar a los no judíos y que significa «los de las naciones».

26. Guenizah
Voz que significa «escondite» y designa el lugar de la sinagoga en la que se guardan las reliquias y los objetos sagrados.

27. Gueto
El término «gueto» se utilizó por primera vez en 1516 para designar los barrios en los que se confinó a los judíos en Venecia. En España se adoptó la palabra «judería».

28. Habad
Sigla formada a partir de las palabras hebreas que significan «sabiduría, comprensión, conocimiento» y hacen referencia a una corriente del hasidismo, movimiento social y religioso.

29. Hagadah
Antología de «leyendas» que recoge las oraciones y los himnos de la Biblia y del Midrach y cuenta la salida de Egipto.

ANEXOS

30. Haganah
Palabra hebrea que significa «defensa».
Este nombre designa fundamentalmente a la organización militar judía en Palestina antes de la creación del Estado de Israel.

31. Hakham
«Hombre sabio». Título dado a algunos rabinos.

32. Ha-Kibbutz Haarsti-Hashomer ha-Tsair
Federación que agrupa a una gran parte de los jóvenes de los *kibbutzim* de Israel y que propugna el sionismo, el socialismo y la instalación de nuevos *kibbutzim* bajo una óptica cooperativa.

33. Halakha
Este término, que en hebreo significa «paseo», designa la marcha correcta por el camino recto. Los principios que lo rigen se encuentran en las leyes dictadas por los sabios del Talmud.

34. Haluka
Ayuda material prestada por la diáspora para la instalación de los primeros judíos llegados a Palestina.

35. Halutz
Término que significa «pionero» y designa a los primeros colonos llegados a Palestina.

36. Hamula
Voz árabe que significa «familia» en un sentido muy amplio.

37. Hanukah
Fiesta de ocho días de duración en la que se conmemora la inauguración del altar del Templo tras su purificación por Judas Macabeo.

38. Hašoner ha-Tsair
Es el movimiento más antiguo de jóvenes judíos tanto en Israel como en la diáspora; esencialmente se ocupa del aprendizaje de la vida en los kibbutz.

39. Hašomer
Organización fundada a principios de siglo en Palestina para defender los intereses de los judíos que la habitaban.

40. Hassid (Hassidim, hasidismo)
En sentido literal, «hombre que cree en Dios y sigue sus enseñanzas». Pero el hasidismo es ante todo un movimiento religioso y social fundado en el siglo XVIII, en la actual Ucrania, cuyo fundamento principal es el fervor en todos los actos de la vida cotidiana para servir mejor a Dios.

41. Heder
Término que designa a escuelas pequeñas en las que los niños aprenden la lengua y las oraciones judías.

42. He-Halutz
Federación mundial de la juventud sionista que durante mucho tiempo se ha ocupado de la organización de las diferentes *alyah* desde el extranjero hacia Palestina.

43. Herut
Partido político israelí fundado por antiguos miembros del *Irgum* y por sionistas revisionistas, cuyo objetivo es conseguir que Israel alcance sus fronteras históricas. A partir de 1973, tras unificarse con otros pequeños partidos de derechas, pasó a denominarse *Likud*.

44. Hevrat ha-Ovdim
Cooperativa que reúne a todos los miembros de la *Histadrut* y es su máxima instancia.

45. Hibbat Tsion
«Amor a Sión». Movimiento que nació como consecuencia de los

EL JUDAÍSMO

pogromos antijudíos de 1881, en Rusia. Desde el primer momento puso toda su voluntad en crear un Estado judío en Palestina.

46. Histadrut

Federación general de los trabajadores de Israel. Esta organización se fundó en 1920 y actualmente es un auténtico sindicato de trabajadores asalariados e independientes.

47. Irgun

Nombre más extendido por el que se conoce al *Etzel* en Occidente.

48. Israel

«El que lucha con Dios» es el sobrenombre dado por Dios a Jacob, patriarca de las doce tribus; tiene los dos significados de la expresión «luchar con», es decir, con y en contra.

49. Judaísmo conservador

La corriente ideológica más importante del judaísmo americano durante el siglo XIX. Se opone a la corriente reformada que permite adaptar la Torá a los tiempos.

50. Judaísmo ortodoxo (o judaísmo reformado)

Corriente ideológica liberal que tiene en cuenta la evolución de la Historia y permite a sus miembros aportar los cambios necesarios, con el fin de llegar a una práctica que no suponga ninguna cortapisa para integrarse en el mundo moderno.

51. Judío

El origen de esta palabra se remonta a los hebreos del siglo VI a.C. pertenecientes a la tribu de Judá y que tomaron el nombre de «miembros de la tribu», es decir, *yehudim*.

52. Kašer

Palabra que designa al conjunto de leyes relativas a la pureza y que afectan tanto a los alimentos y su modo de prepararlos como a los métodos para purificarlos.

53. Ketuba

Contrato matrimonial que recoge todas las obligaciones del marido con respecto a su esposa.

54. Kibbutz

Colonia agrícola de estilo comunitario que tiene como objetivo el desarrollo de un territorio. El primer kibbutz se remonta a 1909 y estuvo a las orillas del lago Tiberiades.

55. Ladino

Voz con muchas acepciones, y todas procedentes de la España medieval; dialecto hispanocristiano no árabe; persona que además de su lengua vernácula habla otra; judeoespañol; lengua litúrgica sefardí; por extensión, sefardí.

56. Libros blancos

Nombre de varios informes oficiales elaborados durante el mandato británico, por comisiones parlamentarias inglesas, sobre el Estado de Palestina.

57. Ma'apilim

Inmigrantes ilegales llegados a Palestina saltándose las cuotas impuestas por las autoridades británicas.

58. Macabeos (Libro de los)

Se trata de cuatro obras apócrifas, dos de las cuales forman parte del Antiguo Testamento, y se las clasifica dentro de los libros sagrados.

59. Maguen David

«El escudo de David». Es la conocida estrella de seis puntas,

ANEXOS

símbolo religioso y nacional del pueblo judío.

60. Mapaï

Partido sionista socialista, fundado en 1930. Estuvo a la cabeza del Estado de Israel, sin interrupción, desde 1948 hasta 1977. (Tras las guerra de los Seis Días se fusionó con otros partidos para formar el Partido de los Trabajadores Israelíes.

61. Marrano

Término con que los cristianos de la España medieval se referían a los judíos que se convertían al cristianismo y que presumían de que en secreto seguían con sus prácticas religiosas. Sinónimo de judaizante.

62. Massorah

Guía que recoge todos los comentarios necesarios para que el creyente realice una correcta «lectura santa de la Biblia». Su objetivo principal es homogeneizar las distintas interpretaciones del Libro sagrado.

63. Mezuza

Rollo de pergamino guardado en un estuche y que se cuelga en la entrada de las casas judías; contiene los pasajes más significativos de la Torá.

64. Midrach

Antología de sermones y explicaciones sobre la Ley escritos por los sabios.

65. Miškan

Tabernáculo itinerante que los hebreos llevaron consigo cuando abandonaron Egipto.

66. Misna

La tradición oral. Recoge todas las leyes orales del pueblo judío hasta que Judas Ha-Nassi las redactó, a principios del siglo III.

67. Mitspeh

Vanguardia de colonias agrícolas judías; se instalaron en el Neguev a pesar de la prohibición inglesa.

68. Mizrahi

«Oriental». Corriente del movimiento sionista religioso.

69. Mošav

Colonia agrícola que se distingue del kibbutz por el carácter individual y no cooperativo de su organización.

70. Mošava

Poblado formado exclusivamente por granjas privadas.

71. Mossad

«Institución». Se trata de la «Institución de Información y de Misiones Especiales», que, de hecho, es el servicio de contraespionaje del Estado de Israel.

72. Mustrabim

Término utilizado para designar a las comunidades judías de lengua árabe.

73. Nassi

«Príncipe». Título dado al jefe de una tribu o de un pueblo.

74. Olim

«Los que llegan» o «los que suben», en traducción literal. Término con el que se designa a los judíos de la diáspora que lo dejan todo a cualquier precio con el fin de ir a instalarse a Israel.

75. Pessah

Pascua judía. Conmemora el éxodo a través del Sinaí.

76. Purim

Fiesta que conmemora el milagro que permitió a los judíos de Babilonia escapar de su exterminio.

EL JUDAÍSMO

77. Qorban
«Sacrificio». Nombre que se da a todas las ofrendas hechas a Dios.

78. Rabino
«Maestro». Título dado a las personas capacitadas para explicar y enseñar la Ley judía.

79. Roš ha-Šanah
Año Nuevo judío.

80. Sabat
Séptimo día de la semana. Es día de descanso y de oración.

81. Sabbat Hagadol
Es el «Gran Sabat», o el último Sabat antes de la Pascua.

82. Šavuoth
«Fiesta de las Semanas». Se celebra siete semanas después de la Pascua. Conmemora el día en que se concedió la Torá.

83. Seder
La primera noche que abre la Pascua judía.

84. Sefardí
En su origen era el nombre que se daba a los judíos descendientes de los exiliados de España y Portugal. Después pasó a designar a los judíos de la cuenca del Mediterráneo.

85. Šekel
Unidad monetaria del Estado de Israel.

86. Šema Israel
«Escucha Israel». Es el principio de un pasaje de la Torá que los judíos piadosos tienen que recitar por la mañana y que viene a ser como el credo de la religión.

87. Simhat Torá
«Alegría de la Torá». Fiesta que marca el fin del ciclo anual de las lecturas del Pentateuco.

88. Šmita
Año sabático. Precepto de la Torá que prohíbe cultivar un campo el último año de cada ciclo de siete.

89. Šoah (Holocausto)
Palabra hebrea que significa «catástrofe» y que suele usarse para designar el holocausto, el genocidio del pueblo judío por los nazis.

90. Succoth
«Fiesta de los Tabernáculos». Se llama también Fiesta de la Recolección porque cae en la época de la recogida de los últimos frutos.

91. Talmud
Conjunto de lecciones con comentarios, discusiones y enseñanzas de los *amoraim* sobre la *Misna*. El Talmud de Jerusalén se diferencia del Talmud de Babilonia en que este último es más completo.

En los dos casos, se trata de la transcripción de la Ley oral, *Misna*.

92. Talmud-Torá
Institución escolar equivalente a una escuela o colegio.

93. Tanna
Término que se usa para designar a los sabios que intervinieron en la redacción de la *Misna*.

94. Torá
Nombre que se le da a la primera parte de la Biblia. La que recibió Moisés en el monte Sinaí.

95. Torá še-beal Peh
La Tora oral. Comprende los comentarios de la Torá contenidos en la *Misna*, el Talmud y el *Midrach*.

96. Yešiva
Academia talmúdica de estudios superiores de la Torá, la *Misna* y el Talmud.

ANEXOS

97. Yídico

La lengua de los judíos askenazíes, resultado de la fusión del hebreo y el alemán.

98. Yišuv

«La colonia». Con este término se designó a finales del siglo XIX y principios del XX al conjunto de judíos que llegaban a instalarse en Palestina.

99. Yom Kippur

Día del Gran Perdón. Este día el hombre se presenta delante del juez supremo para dar cuenta de todos sus actos durante el año.

100. Zohar

«Esplendor». La obra fundamental de la cábala.

EL JUDAÍSMO
CRONOLOGÍA DESDE LA BIBLIA HASTA LA EDAD MEDIA

a.C.	
1800	Abrahán abandona Ur, Caldea, y se instala en Canaán
1650	Estancia en Egipto
1270	Salida de Egipto, bajo la dirección de Moisés. Moisés recibe las Tablas de la Ley. Cuarenta años de peregrinaje por el desierto
1230	Entrada en Canaán
1200-1050	Período de los Jueces
1012-972	David establece la capital en Jerusalén
971-930	Salomón construye el primer Templo
930	Muerte de Salomón. División del reino: Israel, en el Norte, y Judá, en el Sur
722	Conquista de Samaria (capital de Israel) por los asirios
720	Exilio en Asiria
586	Destrucción de Jerusalén (capital de Judá) y deportación a Babilonia
538	Ciro, el persa, autoriza el regreso a Sión
520-515	Construcción del segundo Templo
332	Conquista de Alejandro Magno
301	Reinado de los Tolomeos
198	Reinado de los Seléucidas
168	Revolución asmonea
165	Victoria de Judas Macabeo sobre los griegos
63	Pompeyo en Palestina
37-34	Herodes

ANEXOS

d.C.	
6-14	Judea, Samaria y Edón se convierten en provincias romanas
26-36	Poncio Pilatos, prefecto de Roma
66	Inicios de sublevación contra Roma
67	Vespasiano conquista Galilea
70	Toma de Jerusalén
73	Toma de Massada
132-135	Revuelta de Bar Kokhba
135	Fundación de Aelia Capitolina (Jerusalén)
210	Redacción de la Misna
321	Primeros judíos en Colonna
324	Bizancio conquista Palestina
325	Política cristiana con respecto a los judíos: protección pero aislamiento
390	Redacción definitiva del Talmud de Jerusalén
500	Redacción definitiva del Talmud de Babilonia

BIBLIOGRAFÍA

Biblia de Jerusalén. Desclee Brouwer, Bilbao, 1986.
Las bellezas del Talmud. Trad. del hebreo de Rafael Cansinos. Edicomunicación, Barcelona, 1988.
ALBIAC, Gabriel. *La sinagoga vacía. Un estudio de las fuentes marranas del espinosismo.* Hiperión, Madrid, 1987.
BRINGAS, Antonio. *La Tierra prometida. Entrada y conquista.* SM, Madrid, 1984.
CANTERA, Francisco. *Sinagogas españolas.* Consejo Superior de Investigaciones Científicas, Madrid, 1983.
CARO BAROJA, Julio. *Los judíos en la España moderna y contemporánea* (3 vol.). Itsmo, Madrid, 1986.
DÍAZ, Paloma. *Los sefardíes: historia, lengua y cultura.* Riopiedras, Barcelona, 1986.
GRAVES, Robert. *Los mitos hebreos.* Alianza, Madrid, 1988.
LACABE, José Luis. *Los judíos en España.* Cuadernos de Historia 16.
MAIMÓNIDES. *Cartas a los judíos del Yemen. Carta a los judíos de Montpellier.* Riopiedras, Barcelona, 1987.
Guía de descarriados. Barath, Madrid, 1988.
NEHER, André. *Moisés y la vocación judía.* Aguilar, Madrid, 1962.
PELÁEZ DEL ROSAL, Jesús. *La sinagoga.* Almendro, Córdoba, 1988.
ROTH, Joseph. *Judíos errantes.* Muchnik, Barcelona, 1987.
SATZ, Mario. *El judaísmo.* Montesinos, Barcelona, 1981.
SEFRÁN, Alexandre. *La Cábala.* Martínez Roca, Barcelona, 1987
SUÁREZ, Luis. *Los judíos españoles en la Edad Media.* Rialp, Madrid, 1980.

MAPAS

LA SALIDA DE EGIPTO

91

LAS DOCE TRIBUS

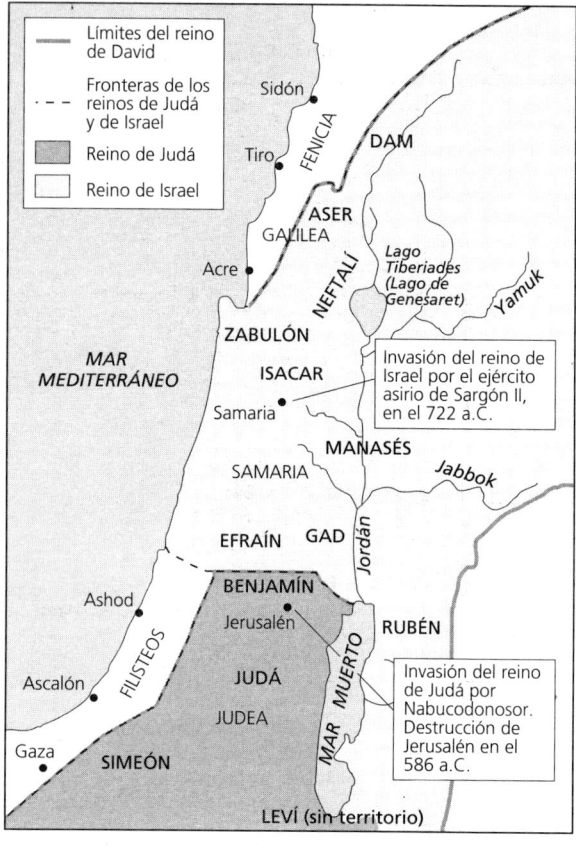

Página anterior

Fue Moisés, a pesar de haberse educado en la corte del faraón, quien convenció a los judíos de que debían abandonar la esclavitud y regresar a la tierra prometida. La Biblia nos cuenta que el viaje duró cuarenta años. Cuarenta años a lo largo de los cuales Moisés y el pueblo de Israel sellaron de nuevo la Alianza entre Abrahán con Yahvé. Tras haber conseguido una nueva Alianza con Dios, la salida de Egipto —la nueva Alianza— regirá las relaciones entre los seres humanos. A lo largo de este periplo, Dios dará a su pueblo los Diez Mandamientos y la Ley.

Arriba

Jacob, hijo de Isaac, y éste de Abrahán, tuvo doce hijos: Rubén, Simeón, Leví, Judá, Dam, Neftalí, Gad, Aser, Issacar, Zabulón, José y Benjamín. De ellos proceden las doce tribus que dirigieron los designios del pueblo de Israel. A cada una de estas tribus le correspondió una parte de la tierra prometida; excepto a Leví, que no recibió tierras y en compensación cada uno de sus hermanos debía entregarle el diezmo de sus productos. A la tribu de José le correspondieron dos partes, como desagravio al hecho de que sus hermanos hubieran intentado matarle, que heredaron los descendientes de sus dos hijos, Efraín y Manasés.

EL TEMPLO

Arriba

Este plano representa el segundo Templo reconstruido por Herodes el Grande. Se inició en el año 20 a.C., se acabó en el 4 de nuestra era y fue una construcción grandiosa e imponente. Estaba formado por cuatro recintos alrededor del santuario: al primero sólo tenían acceso los sacerdotes, el segundo era para los hombres judíos, el tercero para las mujeres judías, y en el cuarto se permitía la entrada de los gentiles, es decir, *de los otros*. Era en esta última estancia donde se colocaban los mercaderes del Templo que vendían todo lo imaginable.

Página siguiente

Hay cerca de quince millones de judíos repartidos por el mundo. En el Estado de Israel viven unos cinco millones, pero la primera ciudad judía del mundo es Nueva York, lo que se explica porque en Estados Unidos viven más de siete millones de judíos. En Europa, a pesar de las olas migratorias de los países del Este, hay en estos últimos unos tres millones; millón y medio en América Latina, cuya comunidad más significativa es sin duda la Argentina, y unos 150.000 en Asia y África, con una presencia muy significativa en Marruecos.

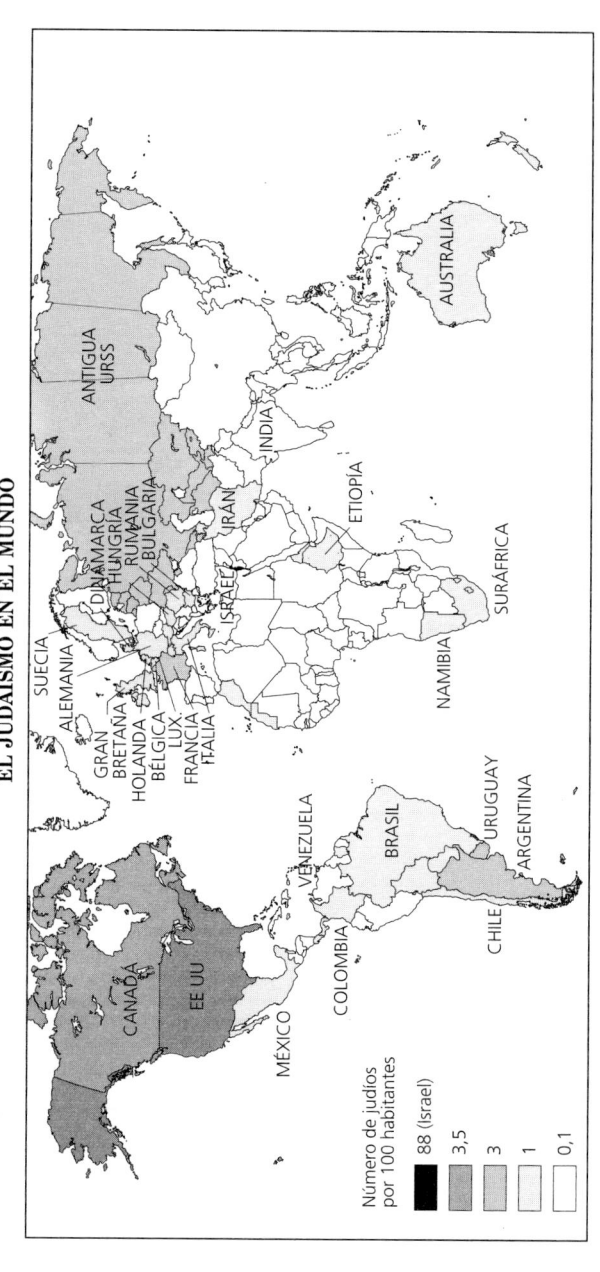